Andreas Krebs

Gott queer gedacht

Andreas Krebs

Gott *queer* gedacht

echter

Inhalt

1 Queere G*ttesrede

1.1 Was ist »queer«?

»Ich komme aus einer Welt [...], die mir nicht von mir erzählt hat«,[1] sagt der queere Schauspieler Tucké Royale. In diesem Satz dürften sich viele queere Personen wiederfinden. Was das Christentum betrifft, so erzählt es von Menschen, die G*tt als Mann und Frau erschuf. Fruchtbar sollen sie sein und sich mehren. Sexualität darf einzig dem Kinderkriegen dienen. Eine gegengeschlechtliche Bindung, lebenslang gültig und ausgerichtet auf das Ziel der Fortpflanzung – dieses heteronormative Ideal setzt das Christentum dem Willen des Schöpferg*ttes gleich. Alles andere, so heißt es, sei »gegen die Natur«.

Sex mit sich selbst haben und zufrieden damit sein? Einen anderen Menschen des eigenen

1 Tucké Royale in: Carolin Emcke, Lara Fritzsche: »Ich komme aus einer Welt, die mir nicht von mir erzählt hat«. 185 lesbische, schwule, bisexuelle, queere, nicht-binäre und trans* Schauspieler*innen outen sich, Süddeutsche Zeitung Magazin, 21.02.2021.

Geschlechts begehren? Mehr als einen Menschen begehren? Einen Menschen unabhängig vom Geschlecht begehren? Sich selbst weder als Frau erfahren noch als Mann? Mit einem Körper geboren sein, der »weibliche« Merkmale mit »männlichen« vereint? Einen Körper haben, der zum eigenen Geschlechtserleben nicht passt? Alles das ist nicht »normal«. In der heteronormativen Welt kommt es nicht zur Sprache. Diskret übergeht man es in den Geschichten, die man aus Ereignissen des Lebens webt. Wo es doch ins Wort kommt, stehen abschätzige Ausdrücke bereit: »Wichser«, »Mannsweib«, »Schwuchtel«, »Schlampe«, »Transe«, »Zwitter« ...; und wo doch daraus Geschichten werden, fallen diese dunkel und bedrohlich aus. »[W]enn ich sozusagen von der Möglichkeit, ich zu sein, gehört habe«, fährt Tucké Royale fort, »dann nur unter zwielichtigen Umständen oder in Verbindung mit Kriminalität, Gewalt oder Tod.« Solche Diffamierungen sind selbst – verbale – Gewalt. Bei dieser allein muss es allerdings nicht bleiben. Die Möglichkeit queerer Menschen, zu sein, wer sie sind, wird nicht nur beschwiegen oder abgewertet. Sie wird auch physisch unterdrückt und ausgelöscht. Übergriffe gegen queere Personen gibt es auf der ganzen Welt. Mancherorts sind auch Staaten Akteure der Unterdrückung und Gewalt. So werden zur Zeit in 69 Ländern homosexuelle Handlungen unter Männern als Straftaten verfolgt, in 11 Ländern droht sogar die Hinrichtung.[2] Auch christliche Kirchen befeuern bis heute aktiv die Diskriminierung queerer Menschen: die römisch-katholische Kirche in Polen beispielsweise, die orthodoxe Kirche in Russland, evangelikale Kirchen in den USA, Pfingstkirchen in Südamerika, fast alle christliche Kirchen in Afrika; in Deutschland ist unter anderem ein evangelischer Bremer Pastor für Queer-Feindlichkeit bekannt.

Auch das englische »queer« war zunächst ein Schimpfwort, gemünzt von einer christlichen Kultur, um zu kennzeichnen, was ihrem heteronormativen Muster widerspricht: »Queer« ist mit dem deutschen »quer« verwandt und heißt »unpassend«, »seltsam«, »bizarr«. In dieser Bedeutung wurde das Wort auch auf Menschen angewandt, deren geschlechtliche Identität oder sexuelle Orientierung für »abweichend« gehalten wurde. Als Teil der Emanzipationsbewegungen seit Mitte des 20. Jahrhunderts haben sich queere Menschen den Begriff zu eigen gemacht. Dabei haben sie ihn trotzig ins Positive gewendet: Ja, wir passen nicht in eure heteronormative Welt – und das ist gut so! Mensch-

2 ILGA (Hg.): Our identities under arrest. A global overview on the enforcement of laws against consensual homosexual acts and gender expression 2021, https://ilga.org/downloads/Our_Identities_Under_Arrest_2021.pdf (31.12.2022).

liches Sein und Begehren ist bunter, als ihr glauben wollt! Wir leben diese Vielfalt, und wir feiern sie!

1.2 Was ist queere »Theologie«?

Ist in queerer Vielfalt auch ein theologisches Anliegen aufzufinden? Diese Frage ist der Ausgangspunkt queerer Theologie. Dass es queere Theologie überhaupt geben kann, wird freilich bestritten – aus verschiedenen Gründen: Einige konservative Christ*innen werden schon bei Titel und Cover des vorliegenden Buches denken: Theologie ist das sicher nicht! Aber auch queere Personen sehen mit gemischten Gefühlen, dass der emanzipatorisch gewendete Queer-Begriff – der für Freiheiten steht, die man gerade auch *gegen* Religionen erkämpft hat – nun in religiösen Zusammenhängen aufgegriffen wird. Da erscheinen queere Bibelkommentare – der »Queer Bible Commentary« etwa aus der christlichen[3] oder die »Thora Queeries« aus der jüdischen Tradition.[4] Wird hier nicht übergangen, dass biblische Texte

---

3 Robert Goss et al. (Hg.): The Queer Bible Commentary, London 2006.

4 Gregg Drinkwater et al. (Hg.): Torah Queeries: Weekly Commentaries on the Hebrew Bible, New York 2009.

in einer patriarchalen Welt entstanden sind und diese widerspiegeln und bestätigen? Da treten Theolog*innen auf, die behaupten, das Christentum sei im Kern schon immer queer gewesen – etwa der römisch-katholische Theologe Gerard Loughlin.[5] Wird hier nicht verschleiert, wie tief die christliche Überlieferung von Frauenfeindlichkeit, Abwehr des Sexuellen und zwanghafter Disziplinierung des Körpers durchdrungen ist? Andere Theolog*innen entdecken queere Gehalte christlicher Liturgien – etwa die anglikanische Theologin Elizabeth Stuart.[6] Wird hier nicht verdrängt, wie stark christliche Riten vom antiken Herrscherkult und Inszenierungen der Macht geprägt sind?

Queere Theologie wird diesen Anfragen nur gerecht, wenn sie an konkrete Erfahrungen queerer Menschen rückgebunden bleibt. Ohne sich wirklich für diese zu interessieren, kann man queere

---

5 Gerard Loughlin: Introduction. The End of Sex, in: ders. (Hg.), Queer Theology. Rethinking the Western Body, Oxford 2007, 1–34.

6 Elizabeth Stuart: Sacramental Flesh, in: Loughlin (Hg.), Queer Theology, 65–85. Zu Stuart siehe Kapitel 8. – Wer sich mit Stuart schon befasst hat, könnte sie noch als römisch-katholische oder katholisch-freikirchliche Theologin kennen. Zu ihrem konfessionellen Weg siehe Kapitel 8, Fußnote 4.

Theologie auch bloß deshalb betreiben, weil man auf der Höhe der Zeit sein will oder um hergebrachten Denkfiguren ein Aufmerksamkeit heischendes Mäntelchen umzulegen. Dann findet tatsächlich eine problematische Aneignung des Queer-Begriffes statt, weil man die Interessen derer, die sich hinter ihm versammeln, für andere Zwecke nutzt. Zu queerer Theologie gehört – da vom Christentum nach wie vor Diskriminierung und Gewalt gegen queere Menschen ausgehen – auch eine konsequente Theologie-Kritik.[7] Ja, die biblischen Texte sind weithin patriarchal, und sie wurden über Jahrhunderte herangezogen, um das Patriarchat wieder und wieder zu rechtfertigen. Die Behauptung, die christliche Tradition sei stets queer gewesen, kann in der Tat auf eine Missachtung der zahllosen Opfer christlicher Diskriminierung und Verfolgung hinauslaufen. Es kommt auch vor, dass man christliche Kultur und Liturgie auf einen spirituellen Ästhetizismus reduziert, um diesen queer-theoretisch anzureichern. Auch dabei kann man sich mit Dynamiken der Repression gemeinmachen. Denn wo diese abgespalten

---

7 Die Defizite einer »apologetischen« – Kritik und Selbstkritik überspringenden – queeren Theologie werden treffend aufgezeigt bei Linn Marie Tonstad: Everything Queer, Nothing Radical?, in: Svensk Teologisk Kvartalskrift 92 (2016), 118–129.

und verdrängt werden, kehren sie im Gewand von »Herrlichkeit« und Schönheit umso kraftvoller zurück. Christliche Theologie muss sich den dunklen Schatten stellen, die sie geworfen hat und wirft. Erst in solch einer kritisch-selbstkritischen Haltung kann queere Theologie auch einen konstruktiven Beitrag leisten. Dann ist sie in der Lage – in Auslegung von Schrift und Tradition, Deutung religiöser Erfahrung und theologischer Reflexion –, jenseits heteronormativer Muster neue Räume zu eröffnen.

Das Bild auf dem Buchumschlag kann man im Sinne dieses Programms verstehen. Die Fotografie der schwedischen Künstlerin Elisabeth Ohlson trägt den Titel »Nattvarden«, »Abendmahl«.[8] Personen, die sich der eindeutigen Lesbarkeit ihres Geschlechts verweigern, werden in ein christlich-religiös besetztes Arrangement gestellt – kompromisslos und ohne vor der damit verbundenen Provokation zurückzuschrecken. Aber warum eigentlich wirkt die Figurenkonstellation so provokant? Weil wir noch immer von Tabus beeinflusst sind, mit denen das Christentum belegt hat, was heteronormative Wertungen durchkreuzt. Geben sich die Dargestellten nicht unpassend und merkwürdig, wirkt das Ganze nicht unnatürlich und bizarr? Die Szene ist zwei-

8 https://ohlson.se (31.12.2022).

fellos »queer« – und unversehens sind die damit verbundenen Abwertungen im Spiel. Doch das »Schrille« des Bildes liegt keineswegs in diesem selbst; es liegt in den Augen der Betrachtenden. Wer sich so, trotz guten Willens, bei queer-feindlichen Wahrnehmungsweisen ertappt hat, betrachtet nun vielleicht das Bild mit neuem Blick. Könnte es einen wichtigen Aspekt der Menschlichkeit Jesu – und seiner G*ttlichkeit – zum Ausdruck bringen? Queerer Theologie geht es darum, solche Potenziale aufzuzeigen und sie zu durchdenken. Was, wenn auch Ohlsons Verbildlichung des Abendmahls – ebenso wie ihr tausendfach reproduziertes Vorbild, Leonardo da Vincis berühmtes Wandgemälde – als geläufiger Gegenstand frommer Andacht möglich wäre?

Zugegeben, das klingt nach einer Wunschvorstellung, für andere vielleicht auch nach einer seltsamen Idee. Zum Charakter des Bildes passt das jedoch durchaus. Wie das Gemälde da Vincis, das keineswegs vorgibt, historisches Geschehen abzubilden, ist auch Ohlsons Fotografie hochstilisiert, übersteigert, irreal. Es geht hier nicht um Wirklichkeit, sondern um Möglichkeiten, die sie birgt – um die Entdeckung neuer G*ttesgeschichten. Sie können zu einer Welt beitragen, die von queeren Menschen erzählt. *Theologie* wird daraus durch eine Voraussetzung, die allerdings nur in Glaube und Hoffnung zu wagen ist: dass

G*tt selbst sich in diesen Geschichten neu zu entdecken *gibt*.

1.3 Jenseits des Geschlechterdualismus

Zu solchen Neuentdeckungen kann mitunter eine wache Lektüre biblischer Texte führen. Denn diese sind zwar vom Patriarchat geprägt, aber nicht immer vollständig von ihm bestimmt. Hat G*tt die Menschen wirklich »als Mann und Frau« erschaffen? In der Bibel steht das nicht, zumindest nicht im Urtext. Der erste Schöpfungsbericht spricht von »männlich und weiblich« (hebräisch: »*sachar u-nekevah*«). Die neue Einheitsübersetzung[9] berücksichtigt diesen Befund; sie überträgt prä-

9 Die Bibel. Einheitsübersetzung der Heiligen Schrift. Gesamtausgabe, im Auftrag der Deutschen Bischofskonferenz u. a., vollständig durchges. und überarb. Ausgabe, Stuttgart 2016. Im Folgenden verwende ich für diese Übersetzung das Kürzel »EÜ«. – In der alten Einheitsübersetzung (1980) hieß es noch: »Als Mann und Frau schuf er sie«. Bei der Neuausgabe der Lutherbibel (2017) hat man sich nicht zur philologisch korrekten Wiedergabe des Verses durchringen können; hier steht weiterhin (mit Luthers ursprünglicher Übertragung) »und schuf sie als Mann und Frau«. Im Fol-

zise: »Gott erschuf den Menschen als sein Bild, als Bild Gottes erschuf er ihn. Männlich und weiblich erschuf er sie« (Gen 1,27). Wo hier »der Mensch« im Singular steht, ist der Allgemeinbegriff gemeint, der für die Menschheit als Ganzes steht; konkrete Menschen, im Plural, sind »männlich und weiblich«.

Warum ist dieses Detail von Interesse? Wie »männlich« und »weiblich« finden auch die hebräischen Wörter *»sachar«* und *»nekevah«* für Mensch wie Tier Verwendung. Damit ist zunächst klar: Es geht hier gerade nicht um »Gender«, nicht um die sozialen Rollen von Mann und Frau; es geht um »Sex«, um Körper. Und in diesem elementaren Bereich gibt es keine Hierarchie, keinen Anspruch auf Überlegenheit, keine Unterordnung. »Männlich und weiblich« stehen auf derselben Stufe. Naturalistische Begründungen der Männerherrschaft verbieten sich damit.

Darüber hinaus sind »männlich *und* weiblich« nicht als einander ausschließende Gegensätze zu verstehen. Bei Menschen wie Tieren – mit denen man zur Entstehungszeit des Textes eng zusammenlebte – werden Kinder und Junge geboren, die »mehrdeutige« Geschlechtsmerkmale haben. Dass man dies nicht gewusst haben soll, ist kaum

---

genden verwende ich für diese Übersetzung das Kürzel »LUT«.

vorstellbar. »Männlich und weiblich« verweisen also auf zwei Pole eines Spektrums.[10] Dies bestätigt auch der Kontext. Der erste Schöpfungsbericht ist zweifellos an Dualitäten interessiert: Licht und Finsternis, Wasser und Land, die Sonne als Licht des Tages, der Mond als Licht der Nacht. Aber Dualität erzwingt keinen Dualismus. Es gibt auch die Dämmerung und den Strand, wo sich Land und Meer verbinden; und der Mond zeigt sich manchmal auch am Tag. Warum sollte G*tt nicht ebenso zwischen »männlich« und »weiblich« allerhand Übergänge und weitere Möglichkeiten vorgesehen haben?[11]

---

10 Diese sprachliche Figur, die in der Bibel häufig vorkommt, bezeichnet man als »Merismus«. Sie ist auch im Deutschen nicht unbekannt: Sollen »Groß und Klein« zu einer Feier kommen, werden nicht entweder Erwachsene oder Kinder eingeladen; auch Jugendliche sind willkommen.

11 Vgl. dazu die behutsam abwägenden Überlegungen bei Isolde Karle: »Da ist nicht mehr Mann noch Frau ...«: Theologie jenseits der Geschlechterdifferenz, Gütersloh 2006, 217–227. Gen 1,27 wurde in mystischen Strömungen des Judentums, bisweilen auch im Christentum dahingehend verstanden, dass G*tt den Menschen zunächst männlich *und* weiblich, also androgyn geschaffen habe; erst später sei es zur Geschlechtertrennung gekommen

Tatsächlich können im rabbinischen Judentum mehr als zwei Geschlechter unterschieden werden: Dort hat man nicht nur über Männer und Frauen nachgedacht, sondern auch über »*androgine*«, deren Organe männlich und weiblich sind. Je nach Notwendigkeit haben sie mal Weisungen für Männer zu befolgen, mal solche für Frauen; in bestimmten Fällen unterliegen sie auch eigenen Regeln. Darüber hinaus gibt es die als »*tumtum*« bezeichnete Person mit verborgenen oder unentwickelten Geschlechtsorganen; die »*ailonit*«, eine männliche oder biologisch unfruchtbare Frau; und den »*saris*«, einen weiblichen oder biologisch unfruchtbaren Mann. Die Debatte, ob solche Kategorien heutigen Anliegen nützlich sind, ist im Judentum zu führen.[12] Als Christ frage ich mich: Woher rührt die Verbissenheit, mit der sich Angehörige meiner Religion dagegen wehren, Realitäten wahrzunehmen, die über eindeutig Männ-

---

(Gen 2,21–25). Die erlöste Menschheit wäre dann wieder androgyn. Siehe dazu Michael Carden: Genesis/Bereschit, in: Goss et al. (Hg.), Queer Bible Commentary, 21–60: 26–28.

12 Siehe dazu Margaret Moers Wenig: Male and Female God Created Them. Parashat Bereshit (Genesis 1:1–6:8), in: Drinkwater et al. (Hg.), Thora Queeries, 11–18.

liches und eindeutig Weibliches hinausgehen? Am biblischen Text, den wir mit dem Judentum gemeinsam haben, liegt es offensichtlich nicht. Der Geschlechter-Dualismus ist nicht nur, aber gerade auch im Christentum zur Obsession geworden.[13] Es wäre gut, ihn hinter sich zu lassen.

Spezifisch christlich ist auch das Bild von G*tt als altem Mann mit weißem Bart. Es stützt sich auf nicht mehr als eine Bibelstelle (Dan 7,9–10) – und übergeht dafür andere Stellen, die zum Beispiel von G*ttes »Mutterschoß« sprechen können (Jes 46,3). Trotzdem ist das Bild von G*tt als Patriarch – als »Vater-Herrscher« – in der christlichen Kunst des Westens dominant. Im Judentum dagegen ist jedes menschengemachte G*ttesbild verboten – und das aus gutem Grund: Sogar die beeindruckendste Darstellung begrenzt die Un-

13 Thomas Laqueur hat die – umstrittene – These aufgestellt, erst die Moderne habe überhaupt damit begonnen, am menschlichen Körper einen Geschlechter-Dualismus festzumachen. Thomas Laqueur: Making Sex. Body and Gender From the Greeks to Freud, Cambridge/Mass. 1990. Eine weitaus komplexere, faszinierend materialreiche Geschichte erzählt z. B. Leah DeVun: The Shape of Sex. Nonbinary Gender from Genesis to the Renaissance, New York 2021.

begrenztheit G*ttes.[14] Das einzige Bild, das G*tt selbst von sich gegeben hat, ist die lebendige, »männlich und weiblich« geschaffene Menschheit. Was wiederum sagt das über G*tt? Der Alttestamentler Frank Crüsemann gibt Genesis 1,27 folgendermaßen wieder: »Da schuf Gott Adam, die Menschen, als göttliches Bild, als Bild Gottes wurden sie geschaffen, männlich und weiblich hat er, hat sie, hat Gott sie geschaffen.«[15]

Das heißt: Wenn Menschen von männlich bis weiblich und darüber hinaus von G*tt als G*ttes Bild geschaffen sind, dann ist G*tt »er« und

---

14 Siehe zum Bilderverbot aus feministischer Perspektive Magdalene L. Frettlöh: Gott Gewicht geben: Bausteine einer geschlechtergerechten Gotteslehre, Neukirchen-Vluyn 2006. – Auch das sonst so bilderselige östlich-orthodoxe Christentum verbietet die Darstellung von G*tt-Vater (eine Ausnahme bildet in gewisser Weise die Rubliev-Ikone, siehe Abschnitt 7.3). Grundsätzlich gilt als einziges sichtbares Bild des unsichtbaren G*ttes Jesus Christus (vgl. Kol 1,15). Zu Christus-Bildern jenseits des Geschlechter-Dualismus siehe die Kapitel 4 bis 6.

15 Die Übersetzung findet sich in der Bibel in gerechter Sprache, 4. erw. und verb. Auflage Gütersloh 2014. Im Folgenden verwende ich für diese Übersetzung das Kürzel »BigS«.

»sie« – und hat noch viele weitere Pronomen. G*tt schließt alle Geschlechter ein. Zugleich ist G*tt noch einmal mehr – noch einmal unbeschreiblich, unerfindlich, unergründlich anders.

Zum Weiterlesen: Einführungen in queere Theologien

Patrick Cheng: Radical Love. Introduction to Queer Theology, New York 2011.

Linn Marie Tonstad: Queer Theology. Beyond Apologetics, Eugene Oregon 2018.

Chris Greenough: Queer Theologies. The Basics, London 2020.

2 Grenzen der Rede

2.1 Unveränderliche Schöpfungsordnung?

»Ich bin trans* nichtbinär.[1] Mein Weg der Findung mit meinem Geschlecht war auch sehr geprägt von meinem Glauben, weil – wo es überall sonst noch keine Worte dafür gab oder keine Worte, die mir beigebracht wurden, auf die ich Zugriff hatte, hatte ich im Glauben immer die Gewissheit: Du bist gut so, wie du bist.« Das sagt Mara Klein, Mitarbeiter*in beim römisch-katholischen Forum Synodaler Weg, in einem Kurzfilm der Aktion »Out in Church«. Mara Klein fährt mit der Feststellung fort, in kirchlichen Texten nicht vorzukommen. »Es gibt aber eine Sprache, die mich an manchen Stellen ein-

---

1 »Nichtbinär« bedeutet, dass eine Person sich weder als Frau noch als Mann erfährt. »Trans« oder »trans*« bezeichnet den Umstand, dass die eigene Geschlechtsidentität nicht mit derjenigen übereinstimmt, die bei der Geburt zugewiesen wurde. Zu weiteren Begriffsklärungen siehe Abschnitt 2.3.

schließt, und das ist die theologische Sprache von Gott. Also von Gott, der weder Mann noch Frau ist [...] – der immer das ganz andere Gegenüber ist, das ein Stück weit Geheimnis bleibt. [...] Ich bin ebenbildlich, und ich bin Teil dieses Geheimnisses.«[2]

Das ist ein berührendes Glaubenszeugnis. Doch ist es wirklich erlaubt, G*tt-Ebenbildlichkeit in solcher Offenheit zu denken? Ist der Mensch nicht Teil einer Schöpfungsordnung, die er respektieren muss? Er wurde mit einer Natur beschenkt, so heißt es, gegen die er nicht verstoßen darf, ohne seine Würde zu verlieren und seine G*tt-Ebenbildlichkeit zu schädigen. Für den mittelalterlichen Theologen Thomas von Aquin (1225/26–1274) war klar, dass eine solche Schöpfungsordnung existiere, und er meinte auch zu wissen, wie sie aussehe: Es gebe Männer und Frauen. Letztere hätten sich unterzuordnen; denn die männliche »Natur« sei der weiblichen überlegen. In seinem Hauptwerk, der »Summe der Theologie«, heißt es zwar, die Frau habe im Gesamt der Schöpfung durchaus ihren Platz, weil man sie zur Fortpflanzung benötige. Als jeweils Einzelne aber sei die Frau etwas Mangelhaftes und eine Zufallserscheinung. Mit Aristoteles, der

2 Wie Gott uns schuf: Mara Klein, Mitarbeiter*in Forum Synodaler Weg (ARD Mediathek, 31.12.2022).

Ähnliches gesagt hatte, argumentierte Thomas: Der männliche Same ziele eigentlich auf Zeugung eines weiteren vollkommenen Menschen, nämlich eines Mannes; zur Entstehung eines weniger vollkommenen Menschen, nämlich einer Frau, komme es durch Schwäche der Zeugungskraft oder äußere Umstände – etwa feuchte Südwinde.[3]

Uns fällt es heute schwer, solche Aussagen nicht lächerlich zu finden. Doch Thomas formuliert, was zu seiner Zeit Konsens war, zumindest unter Männern. Vorstellungen von Schöpfung und Natur sind auch durch Kontexte bedingt, in denen sie entstehen. Schon deshalb ist es heikel, der menschlichen Natur »unveränderliche« Eigenschaften zuzuschreiben oder von einer »festen« Schöpfungsordnung auszugehen. Thomas' vorurteilsgeladener Blick auf Frauen lässt ihn gar bestreiten, dass diese für Männer echte Gefährtinnen sein können; allein zum Kinderkriegen seien sie nützlich, da der Mann »zu jedem anderen Werk eine bessere Hilfe im andern Mann finden könnte als in der Frau«[4].

---

3 Thomas von Aquin: *Summa theologiae,* Teil I, Artikel 92, ad 1.

4 Thomas von Aquin: *Summa theologiae,* Teil I, Artikel 92, Antwort: *»cum ad quodlibet aliud opus con-*

2.2 Vom Fall ins Patriarchat

Diese Aussage über die »Hilfe«, die Thomas bei Männern eher als bei Frauen findet, will freilich, trotz ihrer Frauenfeindlichkeit, genauer bedacht werden. Sie wirft nämlich ein interessantes Licht auf den zweiten biblischen Schöpfungsbericht. Danach wird Adam, Mensch und »Erdling«,[5] aus Erde geschaffen; doch G*tt stellt fest: Es ist nicht gut, dass der Mensch allein sei. Deshalb soll der Mensch »Hilfe« bekommen (Gen 2,18).[6] Zu diesem Zweck erschafft G*tt zunächst die Tiere; doch wie sich herausstellt, sind sie dem Menschen kein echtes Gegenüber. Schließlich nimmt G*tt eine Seite des Menschen und schafft daraus einen weiteren. Erst da ruft der Mensch aus: »Das endlich ist Bein von meinem Bein, und Fleisch von meinem Fleisch« (Gen 2,23a EÜ)! Thomas von Aquin war offenbar ein Mann, der solch eine Freude über die »Hilfe« mit-menschlichen Zusammen-

---

venientius iuvari possit vir per alium virum quam per mulierem«.

5 »*Adam*« heißt auf Hebräisch »Mensch«, »*adamah*« heißt »Erde«.

6 Mit »Hilfe« ist keine Unterordnung impliziert. Das entsprechende hebräische Wort »*ezer*« kann auch G*ttes »Hilfe« bezeichnen.

seins bei einem andern Mann, nicht aber bei einer Frau erfahren konnte. Ein Jahrhundert vor ihm bezog der Zisterzienserabt Aelred von Rievaulx (1110–1167) die Erschaffung des ersten Menschenpaares ausdrücklich auf die geistliche Freundschaft unter Männern: »Wie schön ist es, dass der zweite Mensch von der Seite des ersten genommen wurde. So möge die Natur lehren, dass alle Menschen gleich, sozusagen von gleicher Größe sind; in menschlichen Dingen gibt es keinen Höheren oder Geringeren – was der wahren Freundschaft eigentümlich ist.«[7]

Aelred scheint zunächst eine grundsätzliche Gleichheit unter Menschen anzunehmen, die dann auch für Frauen gelten müsste. Andererseits meint er, dass ein Verhältnis auf Augenhöhe der gleichgeschlechtlichen Freundschaft »eigentümlich« sei. Doch abgesehen von seiner problematischen Sicht auf Frauen erkennt Aelred richtig, dass die Erschaffung des zweiten Menschen darauf zielt, *die Einsamkeit zu überwinden* – unabhängig vom Geschlecht. Denn nach der Logik der Geschichte

7 Aelred von Rievaulx: *De Spirituali Amicita* / Über die geistliche Freundschaft, Buch I, 57: »*Pulchre autem de latere primi hominis secundus assumitur, ut natura doceret omnes aequales, quasi collaterales; nec esset in rebus humanis superior vel inferior, quod est amicitiae proprium.*«

sind Geschlechterdifferenzen hier noch nicht im Spiel. Der Mensch begrüßt beim ersten Anblick des anderen Menschen nicht die Verschiedenheit des Gegenübers, sondern dessen Gleichheit – »Bein von meinem Bein«, »Fleisch von meinem Fleisch«. Dass sie nunmehr »*isch*«, »Mann«, und »*ischah*«, »Frau«, genannt werden (Gen 2,23b), kann eigentlich den *geschlechtlichen Unterschied* zwischen Mann und Frau (im Sinne von »Sex«) noch nicht bezeichnen: Für »Nacktheit«, ihre körperlichen Merkmale, werden den Menschen ja später erst die Augen aufgetan (Gen 3,7) – nachdem sie von der ebenso »nackten« wie »klugen« Schlange (Gen 3,1)[8] dazu gebracht worden sind, von der Frucht zu essen, die der »Baum der Erkenntnis« schenkt. Und wiederum erst nach dem Paradies-Verlust kommen jene *sozialen Geschlechterrollen* ins Spiel (im Sinne von »Gender«), die in

8 Wenn es heißt, die Schlange sei »klug«, schwingt mit, dass sie auch »nackt« sei, denn die hebräischen Wörter für »klug« (»*arom*«) und »nackt« (»*arum*«) klingen fast gleich. Frank Crüsemann übersetzt: »Die Schlange hatte weniger an, aber mehr drauf als alle anderen Tiere des Feldes« (Gen 3,1 BigS). Nachdem die Menschen Erkenntnis gewonnen haben, trifft dasselbe auch auf sie zu.

einer patriarchalen Welt mit Mann und Frau verbunden sind. Erst da sagt G*tt zu Eva: »Auf deinen Mann richtet sich dein Verlangen. Doch der wird dich beherrschen« (Gen 3,16b BigS). Treffender kann man die abgründige Ambivalenz von Begehren und Gewalterfahrung kaum beschreiben, in die viele Frauen durch das Patriarchat gezwungen werden. Ursprünglich gewollt, so die Paradiesgeschichte, ist dieser Zustand nicht. Sie will erklären, wie es trotzdem zu ihm kam – und hält den Gedanken wach, dass er geworden, also auch vergänglich ist.

Die Erzählung zeigt in dichterischer Form, dass die menschliche »Natur« zu verschiedenen Zeiten ganz unterschiedlich ausgestaltet werden kann: Nach dem Fall ins Patriarchat erscheint sie völlig anders als zuvor! Es gab eine ferne Zeit, so die Bibel, in der Geschlechtszuschreibungen nicht wichtig waren – weder solche, die auf körperlichen Merkmalen, noch solche, die auf gesellschaftlichen Rollen beruhen. Im Patriarchat dagegen sind Geschlechtszuschreibungen entscheidend, weil sie mit Hierarchien und Eigentumsverhältnissen verbunden sind. Die Stabilität der Gesellschaftsordnung ist deshalb von der Stabilität der Geschlechterordnung abhängig. Wenn wir uns heute auf eine post-patriarchale Gesellschaft zubewegen, verschwinden Hierarchien und ungleiche Eigentumsverhältnisse zwar vorläufig nicht. Aber ihre Verbindung mit Kategorien des Geschlechtes löst sich auf. So können diese vielfältig und durchlässig werden. Wer die dadurch freigesetzten Möglichkeiten im Namen einer zeitlosen Schöpfungsordnung verächtlich macht, kann sich zumindest nicht darauf berufen, wie die Bibel uns die ersten Menschen präsentiert. Sie spricht nämlich, was Geschlecht und Geschlechterrollen angeht, *gerade nicht* von einer immergleichen menschlichen Natur.

2.3 G*tt und LGBTIQ*

Bestimmte Aspekte dieser »Natur«, Geschlecht und Sexualität, werden gegenwärtig also neu entdeckt. Die Zuschreibungen und Verhaltensweisen, die daraus entstehen, verlangen auch nach einer neuen Sprache. So gibt es nicht mehr nur Bezeichnungen für »Männer« oder »Frauen«, sondern auch für »nonbinäre« oder »abinäre« Menschen, die sich zwischen oder jenseits der Binarität von Frau und Mann verorten. Viele unterscheiden etwa zwischen demigender, bigender, trigender, pangender, inter, genderfluid, genderqueer und agender. Als »demigender« bezeichnen sich Personen, die sich in der Hauptsache mit einem bestimmten Geschlecht identifizieren, zum Teil aber auch mit einem anderen; so gibt es etwa »Demifrauen« oder »Demimänner«. Wer sich zu gleichen Teilen als männlich und weiblich erfährt, kann auf das Wort »bigender« zugreifen; der Begriff »trigender« schließt weitere Möglichkeiten jenseits von männlich und weiblich ein, und wer sich als »pangender« begreift, kann sich in allen Geschlechtern heimisch fühlen. Das Wort »inter« wird oft von Personen gebraucht, deren körperliche Geschlechtsmerkmale nicht auf vermeintlich »eindeutige« Weise lesbar sind. Darüber hinaus benennt »genderfluid« eine flüssige, sich immer wieder wandelnde Identität, und »genderqueer« (oder auch »genderfuck«) steht für eine eher spielerische Infragestellung von Geschlechterkategorien überhaupt. Andere wiederum können ihr Selbsterleben gar nicht mit Geschlecht in Verbindung bringen; sie verstehen sich als »agender«. Wurde einer Person das Geschlecht, das ihrer Identität entspricht, schon direkt nach der Geburt zugewiesen, handelt es sich um eine »cis« Person, andernfalls um eine »trans« Person. Oft wird auch »trans*« geschrieben, um deutlich zu machen, dass es eine offene Vielfalt von trans* Identitäten gibt.

Von solchen und weiteren Geschlechtern sind romantische und sexuelle Orientierungen zu unterscheiden, die ausdrücken, zu welchen Geschlechtern sich jemand hingezogen fühlt. Romantisches und sexuelles Begehren können dabei zusammenfallen. Zwingend ist das aber nicht: Ein Mann kann zum Beispiel homoromantisch sein – also enge, gefühlsintensive Beziehungen zu Männern pflegen oder sich solche wünschen –, ohne dass Sexualität dabei eine Rolle spielt; andere Männer sind homosexuell, haben also Sex mit Männern, verlieben sich aber nicht in sie. Dasselbe trifft auf alle weiteren Geschlechter und Orientierungen zu. Als »biromantisch« und »bisexuell« bezeichnen sich Menschen, für die das eigene und ein anderes Geschlecht attraktiv sind; von »polyromantisch« und »polysexuell« wird gesprochen, wenn das Begehren sich auf mehrere Geschlechter richtet, und von »panromantisch« und »pansexuell«, wenn es für alle Geschlechter offen ist. Abinäre Personen empfinden Kategorien wie homo- und heteroromantisch bzw. homo- und heterosexuell oft als unpassend; sie können etwa von »androromantisch« und »androsexuell« sprechen, wenn sie auf Männer, und von »gynoromantisch« und »gynosexuell«, wenn sie auf Frauen stehen.[9] Wer keinen Wunsch nach intimen

---

9 Die Bezeichnungen leiten sich von den griechischen Wörtern »*anér*« (Mann) und »*gyné*« (Frau) ab. Vom Griechischen her wäre es eigentlich bes-

emotionalen Beziehungen hat, ist womöglich aromantisch, und asexuell, wer sich nicht für sexuelle Kontakte interessiert. Dabei bedeutet aromantisch nicht notwendig asexuell und umgekehrt, und asexuell heißt oft auch nicht, dass keine sexuellen Regungen vorhanden sind: Es kann lediglich beinhalten, kein Bedürfnis nach Sex mit einer anderen Person zu spüren – was wiederum nicht ausschließt, unter bestimmten Umständen trotzdem Sex mit jemandem zu haben.

Warum so kompliziert? Weil menschliche Identitäten und Sehnsüchte vielfältig und voller Facetten sind – und weil es dabei keineswegs um Ego-Trips geht: Die verschiedenen Formen des Lebens und Liebens laden vielmehr dazu ein, für sich und andere Verantwortung zu übernehmen. In diesem Sinne sind sie »fruchtbar«, auch unabhängig von Fragen der biologischen Zeugung.[10] Dagegen macht die heteronormative Fixierung auf *eine* Art, Geschlecht und Begehren zu leben, für den Reichtum der Mög-

---

ser, »gynaikoromantisch« und »gynaikosexuell« zu sagen, aber die oben wiedergegebenen Formen sind gängig.

10 Umfassend zu diesem Thema Susannah Cornwall: Un/familiar Theology. Reconceiving Sex, Reproduction and Generativity, London 2017.

lichkeiten blind. Das gilt dann für das Verhältnis zu anderen, die schematisch als »normal« oder als »abnorm« wahrgenommen werden, wenn sie vom heteronormen Muster abweichen. Das gilt aber auch für das Selbstverhältnis, wenn eine Person etwa in sich Gefühle entdeckt, für die sie keine Namen hat. Umgekehrt kommt es vor, dass Menschen, die queeren Begriffen zum ersten Mal begegnen, bei einem von ihnen aufmerken: »Da ist ja von mir die Rede! Irgendwie habe ich das immer schon empfunden – und endlich habe ich ein Wort dafür; mit ihm kann ich ausdrücken, wer ich bin.« Es ist diese Befreiungserfahrung, die queere Begriffsbildungen ermöglichen wollen. Deshalb geht es gerade nicht darum, neue, aber bloß auf andere Weise beengende Schubladen zu schaffen. Dies anzuzeigen, ist die Funktion des Sterns. Ein verbreitetes Kürzel für queere Identitäten ist »LGBTIQ*«. Die Buchstaben stehen für »lesbisch«, »gay« (schwul), »bisexuell«, »trans«, »inter« und »queer«. Die Zeichenfolge, die auch erweitert werden kann, bringt Vielfalt deutlicher zum Ausdruck, als es der Sammelbegriff »queer« für sich allein zu tun vermag. Das wichtigste Element freilich ist dabei der Stern:[11]

11 Statt des »*« wird manchmal auch ein »+« verwendet.

Er bezeichnet Kategorien, die hier nicht genannt oder überhaupt noch nicht gefunden sind.[12] Zugleich verweist er auf jenen Überschuss, der sich Kategorien niemals fügen wird – auf jenes lebendige Geheimnis, das wir für uns selbst und andere stets bleiben werden.

Im vorliegenden Buch wird auch G*tt mit Stern geschrieben. Diese Schreibweise kommt aus der christlich-feministischen Theologie und lässt sich von der jüdischen Gewohnheit in-

---

12 »Queer [...] ist eine Identität ohne Wesen.« David Halperin: Saint Foucault. Towards a Gay Hagiography, Oxford 1995, 62. – »Dies ist eins der Dinge, auf die sich ›queer‹ beziehen kann: das offene Geflecht von Möglichkeiten, Lücken, Überschneidungen, Dissonanzen und Resonanzen, Lücken und Exzessen der Bedeutung, wenn die konstituierenden Elemente von irgendjemandes Geschlecht, von irgendjemandes Sexualität nicht dazu gebracht werden (oder nicht dazu gebracht werden können), eine monolithische Bedeutung zu haben.« Eve Kosofsky Sedgwick: Queer and now, in: dies., Tendencies, London 1993, 1–20: 8. – Zitate aus dem Englischen werden in diesem Buch durchgehend in eigener (A. K.) Übersetzung wiedergegeben.

spirieren, respektvoll G'tt oder G-tt zu schreiben. Der Stern erinnert daran, dass alle Begriffe, die wir von G*tt besitzen, in G*tt umfasst und überboten sind – nicht nur, aber auch Begriffe von Geschlecht. Der Stern in LGBTIQ* kann dann in Analogie zum Stern in G*tt verstanden werden. Worin besteht G*tt-Ebenbildlichkeit? Darin, dass das Geheimnis der menschlichen Person an seinem Ursprung teilhat, dem Geheimnis G*ttes.

Zum Weiterlesen: LGBTIQ in christlichen Konfessionen*

Andreas Krebs: »In vielfältigen Formen wird seine Liebe in uns sichtbar.« Zum Stand der Diskussion um die Pluralisierung von Lebensformen im Katholischen Bistum der Alt-Katholiken in Deutschland, in: Ökumenische Rundschau 67 (2018), 47–62.

Florence Häneke: Kirche auf dem Querpfad. LGBTQ* Bewegungen in der evangelischen Kirche und der Aushandlungsort Pfarramt, in: Dirk Evers, Laura-Christin Krannich, Hanna Reichel (Hg.): Menschenbilder und Gottesbilder. Geschlecht in theologischer Reflexion, Leipzig 2019, 236–268.

Michael Brinkschröder, Jens Ehebrecht-Zumsande, Veronika Gräwe, Bernd Mönkebüscher, Gunda Werner (Hg.): Out in Church. Für eine Kirche ohne Angst, Freiburg i. Br. 2022.

3 G*ttes Wort

3.1 Ist alles erlaubt – oder nichts?

»Ich bin asexuell. Das bedeutet: Ich empfinde keine sexuelle Anziehung«, so die Jugendleiterin Evelyn Keusen bei der Aktion »Out in Church«. »Meiner sexuellen Orientierung bin ich erst sehr spät bewusst geworden, durch Freund*innen in eher feministischen und queeren Kreisen. [...] In Bezug auf Kirche war da immer das Gefühl, nicht gesehen zu werden, immer die Vorstellung, dass man heiraten muss, dass man einen Partner braucht [...]. Ich möchte einfach nur, dass asexuelle Menschen nicht als komische Personen gesehen werden, die irgendwie traumatische Erlebnisse gehabt haben, die verklemmt sind, die noch nicht den einen richtigen gefunden haben – das ist Quatsch!«[1]

Besonders wenn es um Kinder und Jugendliche geht, äußern manche den Vorwurf, die Rede von queeren Lebensweisen wolle »sexualisieren«. Evelyn Keusens Erfahrung zeigt dagegen, wie se-

---

1 Wie Gott uns schuf: Evelyn Keusen (ARD Mediathek, 31.12.2022).

xualisiert die heteronormative Vorstellungswelt ist – und dass jener Vorwurf wohl auf andere projiziert, was man bei sich selbst verleugnen will. Doch das ist nicht der einzige Widerspruch, in den sich Menschen verwickeln, die »traditionelle« Geschlechterrollen gegen vermeintliche Angriffe verteidigen. Die »Queer-Lobby«, heißt es, zerstöre »unsere« Werte und wolle alles erlauben – aber auch: Sie wolle alles verbieten. Ständig müsse man aufpassen, nichts Falsches zu sagen; »sogar« zur Asexualität dürfe man sich keinen Scherz mehr erlauben. Wie kommt es dazu, dass der »Queer-Lobby« zugleich Freizügigkeit und Moralismus angekreidet werden?

Das scheinbare Paradox wurzelt im Gemisch aus Duldung und Tabu, mit dem das herkömmliche Christentum der menschlichen Sexualität begegnet. Sein Leitbild ist die lebenslange monogame Ehe zwischen Mann und Frau; Geschlechtsverkehr hat der Fortpflanzung zu dienen, alle anderen sexuellen Ausdrucksformen sind unerlaubt. Die Kehrseite dieses Leitbilds, das für die meisten Menschen uneinholbar bleibt, ist ein »Wir sind doch alle Sünder«. Es geht über angeblich normwidrige, aber harmlose sexuelle Handlungen hinweg, kann mitunter jedoch ebenso »gnädig« Belästigungen oder Übergriffe tolerieren. Dabei stabilisieren sich Tabu und Duldung gegenseitig: Letztere macht das Tabu erträglich; dieses fördert umgekehrt das Wegschauen und Beschweigen. Doch Tabu wie Duldung werden gleichermaßen von queeren Communities herausgefordert: Sie kritisieren eine Sexualmoral, die für viele nicht lebbar ist – deshalb wollen queere Communities angeblich »alles« erlauben; zugleich weisen sie abwertendes Sprechen und grenzverletzendes Verhalten zurück – deshalb wollen sie angeblich »alles« verbieten. Doch natürlich kann in queeren Communities nicht »alles« zugleich erlaubt und verboten sein. Was unter zustimmungsfähigen Menschen in respektvollem Einvernehmen geschieht, wird als zulässig beurteilt; als unzulässig gilt, was dieses Prinzip verletzt. Das ist konsequent. Inkonsequent ist dagegen, Sex außerhalb der heterosexuellen Ehe abzulehnen, sexistische Witze aber lustig und Grenzüberschreitungen verzeihlich zu finden.

Es gibt in queeren Communities also eine durchaus kohärente Ethik – die freilich über »Einvernehmen« und »Respekt« noch hinausgeht. Evelyn Keusen beansprucht, dass sie »gesehen« wird. In einem Diskurs, der sich um sexuelle Anziehung und deren Kanalisierung dreht, hat eine asexuelle Person keinen Platz. Sie ist unsichtbar; gesellschaftlich existiert sie nicht. Umgekehrt zielt die Forderung nach Gesehen-Werden auf nicht weniger als das Recht zu existieren. Evelyn Keusen will als die Person, die sie ist, erkannt und anerkannt sein.

3.2 Anerkennung

Doch *wer* soll hier anerkannt werden und *als was*? Der Begriff »Asexualität« stellt sprachlich eine Verneinung von »Sexualität« dar. Ist er darin nicht abhängig von Redeweisen, die sexuelle Anziehung als Regelfall voraussetzen? Dasselbe Problem tritt bei weiteren queeren Identitäten zutage: Der Begriff »homosexuell« ist entstanden, um eine »Abweichung« von erwarteter Heterosexualität zu kennzeichnen. Mit »nonbinär« wird ein dualistisches Verständnis von Geschlecht zurückgewiesen und als Norm zugleich bestätigt. Sogar ein Begriff wie »genderfuck« arbeitet sich mit rebellischer Geste an der Bedeutung ab, die dem Geschlecht gemeinhin zugestanden wird. Greifen also queere Identitäten – und sei es im Widerspruch – nicht selbst auf heteronormative Strukturen zurück? Können sie überhaupt ausdrücken, wer queere Menschen »wirklich« sind?

Für die queere Theorie ist dieses Problem nicht neu. Judith Butler erregt seit den 1990er Jahren Aufsehen,[2] weil sie die Idee einer »ursprünglichen«, vor-sozialen Identität für trügerisch hält.

---

2 Kaum ein philosophisches Buch der letzten Jahrzehnte des 20. Jahrhunderts dürfte so viel öffentliche und kontroverse Aufmerksamkeit auf sich gezogen haben wie Judith Butler: Das Unbehagen

Dass wir zu dieser nur »zurückzukehren« bräuchten, um »wirklich wir selbst« zu sein, ist nach Butler eine Illusion. Sie begründet dies mit der Beobachtung, dass Subjektivität sich in den ersten Lebensjahren eines Menschen bildet. Wird bei der Geburt etwa gesagt: »Es ist ein Mädchen«, ist dies eine »performative« Sprechhandlung – das heißt: eine Sprechhandlung, welche die Wirklichkeit, die sie aussagt, selbst erschafft. »Es ist ein Mädchen« spannt nämlich das Neugeborene in ein Netz aus Begriffen, Normen und Erwartungen, die es in der Folge erst zum »Mädchen« *machen*. Gewiss, dabei geht man von körperlichen Merkmalen aus. Und natürlich ist der Körper als solcher nicht gesellschaftlich hervorgebracht. Aber ein bestimmter *Begriff* vom Körper und die *Bedeutsamkeit* bestimmter Merkmale sind es sehr wohl. Der Satz »Es ist ein Mädchen« umfasst darum nicht allein Geschlechterrollen, denen das Neugeborene entsprechen soll (»Gender«), sondern normiert auch seinen Körper, dessen wunschgemäße Entwicklung nunmehr festgeschrieben ist (»Sex«). Weil das Neugeborene zugleich einen »weiblichen« Namen erhält, wiederholt und verfestigt jede Anrede die Geschlechtszuschreibung. Das Angeredet-Werden aber ist Bedingung dafür, überhaupt

---

der Geschlechter [Gender Trouble, 1990], übers. von Kathrina Menke, Frankfurt a. M. 1991.

»ich« sagen und ein Ich werden zu können. So ist man im Kern des Ich-Seins – ohne eine Wahl zu haben – immer schon von Begriffen geprägt, die zahllose Möglichkeiten zur Unmöglichkeit erklären. Die »ursprüngliche« Identität eines Menschen ist radikal fremdbestimmt.

Judith Butlers Arbeiten drehen sich nun um die Frage: Wie ist dennoch Freiheit möglich? Wie können abweichende Identitäten überhaupt gestaltet werden? Das Subjekt ist ja – im eigentlichen Sinn des lateinischen »sub-iectum« – etwas Unterworfenes. Doch Unterwerfung bedeutet nicht totale Determination. Denn die Macht, die das Subjekt formt, kann im Lauf der Entwicklung gegen jene selbst zurückgewendet werden. Der Zwang, bestimmten Normen zu entsprechen, wird verinnerlicht und bringt das Subjekt dazu, in kritische Distanz zu sich zu treten: Es lernt, das eigene Tun zu kontrollieren. Ist freilich diese Fähigkeit zur Selbst-Distanzierung einmal erworben, kann das Subjekt sie dann auch gegen die verinnerlichten Normen selbst richten: Warum eigentlich meine ich, bestimmten Stereotypen von Geschlecht entsprechen zu müssen? So wandelt sich die Selbstreflexion vom Instrument der Selbst-Kontrolle zum Mittel befreiender Selbst-Infragestellung. Möglich wird dies auch deshalb, weil die Potenziale, die im Zuge der Subjektwerdung ausgeschlossen wurden, nicht verschwunden sind: Sie bleiben als Verdrängtes präsent. Das Verdrängte kann verunsichern und Melancholie, Angst oder Abwehr produzieren; es kann aber auch schöpferische Kräfte freisetzen. Wo Letzteres gelingt, eröffnen sich Räume, über die eigenen Grenzen und die Grenzen der Gesellschaft hinauszugehen. Das heißt selbstverständlich nicht, dass diese sich in Luft auflösen. Das Subjekt bleibt durch sie geprägt. Doch es kann sich zu ihnen verhalten, sie parodieren, unterlaufen oder überschreiten – und darum kämpfen, in dieser Freiheit anerkannt zu werden.[3]

So vermag Judith Butler verständlich zu machen, warum queere Identitäten von Heteronormativität nicht unabhängig und unberührt sind. Denn

---

3 Ich umreiße hier in aller Kürze ein philosophisches Projekt, das Judith Butler in einem umfangreichen, sich noch weiter entwickelnden Werk entfaltet. Darstellungen aus christlich-theologischer Sicht bei Bernhard Kohl: Die Anerkennung des Verletzbaren. Eine Rekonstruktion der negativen Hermeneutik der Gottebenbildlichkeit aus den Anerkennungstheorien Judith Butlers und Axel Honneths und der Theologie Edward Schillebeeckx', Würzburg 2017; Anna Maria Riedl: Judith Butler and Theology, Paderborn 2021; Gunda Werner: Judith Butler und die Theologie der Freiheit, Bielefeld 2021.

die Gesellschaft ist davon nach wie vor bestimmt. Zugleich zeigt Butler auf, dass Subjekte den heteronormativen Mustern nicht ausgeliefert sind. Diese selbst können zum Anstoß von Subjektivierungsprozessen werden, die offen und unabschließbar über das Vorgegebene hinausgehen. Durch sie werden Menschen keineswegs »ursprünglicher« sie selbst – doch in ihrem Selbst-Sein freier.

Individualistisch will Judith Butler diese Freiheit allerdings nicht verstehen. Subjektivierung ist nur in Beziehungen möglich. Wir können überhaupt nicht sein, ohne von anderen erkannt, gesehen, anerkannt zu werden. Das hat auch eine abgründige Seite: Menschen akzeptieren manchmal sogar Beschimpfungen, weil es immer noch besser ist, mit einem abschätzigen Ausdruck angesprochen als völlig ignoriert zu werden. Diese soziale Angewiesenheit macht uns zutiefst verwundbar. Eine ethische Haltung besteht nach Butler darin, dass »man sich diesem primären Ausgesetztsein vor dem Anderen nicht verschließt, [...] sondern statt dessen eben die Unerträglichkeit des Ausgesetztseins als Zeichen einer geteilten Verletzlichkeit, einer gemeinsamen Körperlichkeit, eines geteilten Risikos begreift«[4].

4 Judith Butler: Kritik der ethischen Gewalt [Giving an Account of Oneself, 2005], übers. von Reiner Ansén, Frankfurt a.M. 2003, 100.

3.3 Liebe deine*n Nächste*n

Kann solch eine Ethik queerer Subjektivierung mit dem Zeugnis der Bibel verbunden werden? Auf den ersten Blick scheint das kaum möglich. Auch wenn biblische Texte – wie die Schöpfungsgeschichten – den patriarchalen Horizont, dem sie entstammen, bisweilen überschreiten, spiegeln sie weit öfter die Beschränkungen ihrer Zeit. Sie nehmen vielfach Perspektiven von Männern ein, die Macht über untergeordnete Männer, Frauen, Angehörige anderer Geschlechter (zum Beispiel »Eunuchen«), Kinder, Sklav*innen und unterworfene Bevölkerungsgruppen haben. Fortpflanzung besitzt einen hohen Stellenwert. Biologische Unfruchtbarkeit, deren Ursache man einseitig bei Frauen sieht, erscheint als schweres Schicksal. Cross-Dressing ist – in Abgrenzung gegen religiöse Praktiken der damaligen Umwelt – verboten (Deut 22,5). Homosexuelle Handlungen werden nur erwähnt – und verurteilt –, wo sie mit Gewalt, männlicher Ehrverletzung oder Missbrauch verbunden sind (Gen 19,5; Lev 18,22; Lev 20,13; Röm 1,26–27; 1 Kor 6,9; 1 Tim 1,10). Gleichberechtigte sexuelle Beziehungen sind nicht im Blick.

Andererseits erzählt die Bibel auch von intensiven homoerotischen Gefühlen – etwa zwischen David und Jonathan (1 Sam 18–20; 2. Sam 1) oder Ruth und Noomi (Buch Ruth). Das wiederkehrende

Motiv der kinderlosen Frau, die durch göttlichen Eingriff schwanger wird, kann als Relativierung männer-zentrierter Fruchtbarkeitsvorstellungen verstanden werden (z. B. in der Geschichte von Sarai/Sarah Gen 11,29–23,19); an der Zeugung Jesu soll ein Mann nicht einmal beteiligt gewesen sein (Mt 1,18–25; Lk 1,26–35). Darüber hinaus gibt es viele biblische Geschichten, in denen die Handlungsmacht von Frauen bezeugt wird. Das Neue Testament durchzieht zudem ein kritischer Grundton gegenüber der patriarchalen Familie (z. B. Mt 10,37; Mt 23,9; Lk 14,26; Lk 18,29–30). Von Jesu Ehe oder Ehelosigkeit ist nicht die Rede; deutlich wendet er sich aber von Mutter und Geschwistern ab (Mk 3,31–53). Er reißt Menschen wie Simon Petrus aus dem Familienverband und seiner Verantwortung heraus (Mk 1,16–17; dass Petrus verheiratet war, geht aus Mk 1,30 hervor); hingegen bezeichnet Jesus die zusammengewürfelte Gruppe, die mit ihm umherzieht, als seine Geschwister. Dabei unterhält er zu Männern wie Frauen intensive emotionale Beziehungen (z. B. Joh 11,2.5.35). Jesu Kritik am familienorientierten Leben seiner Zeit geht so weit, dass er »Eunuchen« – biologisch zeugungsunfähige Männer, die zwischen den Geschlechtern stehen – zu Vorbildern erklärt: »Es gibt Eunuchen, die so aus der Mutter Leib geboren sind, es gibt andere Eunuchen, die sind von den Menschen dazu gemacht worden, und es gibt weiterhin Eunuchen, die sich selbst wegen der Nähe Gottes dazu gemacht haben. Wer fähig ist zu verstehen, soll verstehen« (Mt 19,12 BigS; vgl. Apg 8,27–39). Eine reservierte Einstellung gegenüber der patriarchalen Ehe und Familie begegnet auch in den Paulusbriefen. Dort steht zudem die radikale Aussage, nach der die Gemeinschaft der Christus-Gläubigen alle Grenzen sprengt, die sonst das Leben ihrer Mitglieder bestimmen – auch die Grenzen der Geschlechter: »Es gibt nicht mehr Juden und Griechen, nicht Sklaven und Freie, nicht männlich und weiblich; denn ihr alle seid einer in Christus Jesus« (Gal 3,28 EÜ).

Zu bedenken ist allerdings: Die Überschreitung von Geschlechtergrenzen, die hier aufscheint, schloss für Paulus Sexualität nicht ein. Für diese sah er einen Platz allein in der heterosexuellen Ehe – favorisierte aber, wo möglich, Enthaltsamkeit (1 Kor 7,25–38). Diese wiederum ist nicht mit dem identisch, was heute unter asexuellen Identitäten verstanden wird. Auch Jesu Lebenswandel ist aus einer patriarchatskritischen Perspektive durchaus ambivalent: Sein Verhalten war zweifellos unkonventionell und anstößig, wäre aber gerade deshalb für Frauen undenkbar gewesen; insofern bestätigt es das männliche Privileg größerer Freiräume. Auch die Geschichten um Jesu Geburt, ebenso die älteren Geschichten von unverhofften Schwangerschaften, überhaupt die biblischen Frauenerzählungen – sie alle sprengen den patriarchalen Rahmen letztlich nicht. Und die Darstellungen von Ruth und Noomi sowie David und Jonathan besitzen zwar eine unleugbar erotische Dimension, sind von heutigen lesbischen und schwulen Partnerschaften jedoch weit entfernt.

Kann die Bibel in solcher Vielschichtigkeit und historischen Abständigkeit dennoch zur Quelle von Inspiration und Orientierung für heutige Hörende und Lesende werden? Darf man dabei Aspekte und Deutungsmöglichkeiten, die über das Heteropatriarchat hinausweisen, verstärken und dem Gegenteiligen geringeres Gewicht beimessen? Ist es legitim, einen biblischen Text mit heutigen Wirklichkeiten ins Gespräch zu bringen und ihm dabei sogar Bedeutungen abzugewinnen, die seinen Verfasser*innen niemals in den Sinn gekommen wären? Wenn man diese Fragen mit der queeren Theologie bejaht, stellt sich wiederum eine Folgefrage: Gibt es bei alldem etwas, das vor blanker Willkür schützt – so etwas wie eine biblische Zentralaussage, eine »Mitte der Schrift«, die für den Umgang mit biblischen Texten, das theologische Nachdenken und die daraus folgende Praxis als Richtschnur dienen kann?

Nach jüdischer Auffassung ist die Frage nach der »Mitte der Schrift« durchaus wörtlich zu nehmen. Das mittlere der fünf Bücher der Thora ist das Buch Levitikus (in jüdischer Bezeichnung: das Buch »Wajikra«). In der Mitte dieses Buches steht das Kapitel 19, das als symmetrisches »Gesetzesgedicht«[5] gestaltet ist. Und wiederum in dessen Mitte (Vers 18b) steht das Gebot:

> Liebe deinen Nächsten wie dich selbst
> Liebe deinen Nächsten, denn er ist wie du.

Beide Übersetzungen sind nach dem hebräischen Wortlaut möglich. Jesus zieht dieses Gebot mit dem zur G*ttesliebe zusammen (Deut 6,4–5) und sagt, dass kein anderes größer sei als diese; in ihnen seien das Gesetz und die Propheten enthalten (Mt 22,35–40; Mk 12,29–32; vgl. Lk 10,27). Dass die Liebe zum »Nächsten« auch Fremde einbezieht, wird in Levitikus 19 wenige Verse später klargestellt: »Der Fremde, der sich bei euch aufhält, soll euch wie ein Einheimischer gelten und du sollst ihn lieben wie dich selbst/denn er ist wie du« (Lev 19,34a nach EÜ). Jesus illustriert denselben Punkt durch sein Gleichnis vom Barmherzigen Samariter (Lk 10,29–37). Nach Meinung von Christ*innen hat Jesus die zentrale Weisung der Thora wie keine andere Person gelebt; deshalb können sie auch sagen, dass er selbst die »Mitte

5 Daniel Krochmalnik: Schriftauslegung. Die Bücher Levitikus, Numeri, Deuteronomium im Judentum, Stuttgart 2003, 59–71.

der Schrift« verkörpere. In jedem Fall gilt, dass aktualisierende Auslegungen der Bibel am Liebesgebot zu messen sind.

Was aber bedeutet das Gebot konkret? Seine erste Lesart bringt Selbst- und Nächstenliebe in Zusammenhang. Wer sich selbst nicht annehmen kann, wird auch andere nicht akzeptieren können. Die Erfahrung, anerkannt zu sein, ist Voraussetzung der Fähigkeit, Anerkennung zu geben. Menschen brauchen ein Umfeld, das ihnen Selbstliebe ermöglicht, denn sie wiederum ermöglicht Liebe zu anderen. Für queere Menschen beinhaltet dies auch eine Sprache, die ihre Identitäten einschließt. Im gegenwärtigen Kontext erfordert also der Sinn des Liebesgebotes dessen inklusive Formulierung:

> Liebe deine*n Nächste*n wie dich selbst.
> Liebe deine*n Nächste*n, denn dein*e Nächste*r ist wie du.[6]

Die zweite Lesart setzt voraus, dass die angesprochene und ihre »nächste« Person etwas gemein-

---

6 Im Urtext ist neben dem »Nächsten« auch das »du« gegendert – es gibt für dieses Personalpronomen im Hebräischen eine weibliche und eine männliche Form; in Lev 19,18b steht die (gemeinhin inklusiv verstandene) männliche. Im Deutschen stellt sich dieses Problem nicht.

sam haben. Es ist ihre Verletzlichkeit. Geteilte Verletzlichkeit impliziert wechselseitige Verantwortung, Gewaltlosigkeit und die unbedingte Achtung der anderen Person. Für queere Schriftlektüre, queer-theologische Reflexion und queere Ethik bildet dies die Richtschnur.

Zum Weiterlesen: Queere Bibellektüren

Kerstin Söderblom: Queer theologische Notizen, Nieuwegein 2020, 11–72.

Karin Hügel: Queere Auslegungen der Liebesgebote aus Levitikus, in: Journal of the European Society of Women in Theological Research 28 (2020), 201–236.

Veit Dinkelaker, Martin Peilstöcker (Hg.): G*tt m/w/d. Geschlechtervielfalt seit biblischen Zeiten, Oppenheim a.Rh. 2021.

4 Vom Reich G*ttes

4.1 Zwischen Affirmation und Kritik

Der US-Amerikaner Robert Goss (heute Robert Shore-Goss) gehört zu den Pionier*innen queerer Theologie. Er war einmal römisch-katholischer Priester und ist seit 1995 Pastor der queeren Freikirche »Metropolitan Community Church«. 1994 erschien sein Buch »Jesus Acted Up. A Gay and Lesbian Manifesto« (»Jesus, der Aufrührer. Ein schwules und lesbisches Manifest«),[1] das heftige Kontroversen, aber auch eine Welle queer-theologischer Produktivität anstieß. In der Einleitung berichtet Robert Goss von einer Erfahrung als Mitglied des Bündnisses »Stop the Church«. Es sei in zwei Gruppen zerfallen: Die einen versuchten –

1 Robert Goss: Jesus Acted Up. A Gay and Lesbian Manifesto, New York 1994. Eine zum Teil selbstkritische Fortschreibung dieses Buches hat der Autor vorgelegt mit Robert Goss: Queering Christ. Beyond Jesus Acted Up, Cleveland 2002. Goss vertritt mitunter ausgesprochen sexpositive Positionen (z. B. Goss, Jesus, 161–170); an asexuelle Menschen scheint er nicht zu denken.

als Frau, lesbische Frau, schwuler Mann, HIV-positive Person –, die brüchig und schmerzhaft gewordene Verbindung mit ihrer Kirche dennoch aufrechtzuerhalten. »Sie wollten verzweifelt geliebt und akzeptiert werden und Teil ihrer Kirche sein«. Diese war für sie – wenn auch unvollkommen – eine Vorwegnahme des G*ttesreiches. Allzu harsche Kritik und öffentlichen Protest lehnten sie ab. Die anderen äußerten Entfremdung, Verdruss und Zorn über kirchliche Institutionen, von denen soziale Gewalt gegen ihre Körper und gegen ihr Begehren ausging. Sie erfuhren Kirche als Ort der »Abwesenheit Gottes und der politischen Unterdrückung«.[2] So lautstark wie möglich wollten sie Widerspruch zum Ausdruck bringen und traten für spektakuläre, selbst-ermächtigende Aktionen ein.

Robert Goss beschreibt, wie er diesen Konflikt auch in sich selbst wiederfand. Queere Christ*innen und queer-christliche Netzwerke erfahren ihn bis heute. Und auch queer-theologische Entwürfe sind von ihm geprägt. Manche davon schließen bewusst an konservative Denkfiguren und Kirchenbilder an, um queere Anliegen zu integrieren. Diese Richtung vertreten etwa Graham Ward, Sarah Coakley und Elizabeth Stuart, die noch ausführlicher vorzustellen sind (Kapitel 6,

2 Goss, Jesus, xiii–xiv.

Abschnitt 7.3, Kapitel 8). Andere nehmen die Diskriminierung queerer Menschen zum Anlass, überkommene theologische Ideen und Machtstrukturen radikal zu hinterfragen. Dieser Richtung sind Robert Goss oder die vielbeachtete Queer-Theologin Marcella Althaus-Reid zuzuordnen, die im Folgenden ebenfalls zu Wort kommen (Abschnitte 4.2 und 4.3 sowie Kapitel 5). Die erste Richtung ist in doppeltem Sinne affirmativ: Sie bestätigt theologisch-kirchliche Traditionen *und* den Wunsch queerer Menschen, sich darin zu beheimaten. Die zweite Richtung ist in doppeltem Sinne kritisch: Sie widerspricht theologisch-kirchlichen Traditionen, und sie bestärkt queeren Widerspruchsgeist, um Theologie und Kirche zu revolutionieren.

Bei aller Vielfalt aber sind queere Theologien darin vereint, dass sie Körper, Geschlecht und Begehren als umfassende theologische Herausforderung begreifen. Sie meinen nicht, dass es hierbei bloß um Nebensachen gehe – um Einzelaspekte der Anthropologie und Ethik etwa –, von denen die Hauptstücke der Theologie unberührt blieben. Manche »konservative« wie auch »fortschrittliche« Stimmen legen dies nahe: Die queeren Communities versammelten randständige Personen, deren besonderen Anliegen der »Zeitgeist« allzu viel Beachtung schenke; besser, man kümmere sich nicht darum – so die einen. Die anderen bekräftigen, queere Anliegen beträfen eine Minderheit und zielten auf Marginalien der christlichen Lehre; genau deshalb sei es keine große Sache, Veränderungen zuzulassen. Queere Theologien behaupten dagegen die Notwendigkeit, Theologie *im Ganzen* neu zu denken – von der G*tteslehre bis zu den Letzten Dingen.

4.2 Christus, der Unterdrücker

Aber warum soll Queerness solch eine große Bedeutung haben? Ist die Zahl queerer Menschen nicht doch gering? Befragungen legen nahe, dass sich zwischen 7 und 10 Prozent der Bevölkerung in Deutschland als queer bezeichnen[3] – eine beträchtliche Gruppe, aber eine Minderheit. Allerdings dürfte die Zahl der Menschen höher sein, die sich zum Beispiel schon einmal zu mehr als einem Geschlecht hingezogen gefühlt haben, sich deshalb aber nicht unbedingt als queer oder LGBTIQ* identifizieren. Die Aufmerksamkeit, die gerade auch Gegner*innen der Queer-Bewegung schenken, lässt zudem erkennen, dass diese mit einer größeren sozialen Umwälzung verbunden

3 Aktuelle Statistiken dazu sind einzusehen auf https://de.statista.com/themen/4641/lgbt/#topicHeader__wrapper (31.12.2022).

ist. Längst gerät das eurozentrisch-heteronormative Patriarchat ingesamt ins Bröckeln – die Vorherrschaft des heterosexuellen, weißen, Eigentum besitzenden cis Mannes. Dessen Interessen galten bis vor Kurzem als »normal«. Wie selbstverständlich wurden sie mit Interessen einer Mehrheit gleichgesetzt. Doch hat das je gestimmt? Es gibt weniger cis Männer als Frauen, trans* Personen und Angehörige anderer Geschlechter. Bedenkt man, dass unter den cis Männern auch Nicht-Heterosexuelle, People of Color sowie mehr oder weniger Unterprivilegierte sind, erscheint die einstige »Normalität« in anderem Licht: Für eine Mehrheit stand sie nie. Queere Theologie geht deshalb, wenn sie Minderheitenperspektiven reflektiert, hierüber immer schon hinaus: Aus einer spezifischen Sicht kritisiert sie ein komplexes Machtgefüge, dessen Überwindung im Interesse einer Mehrheit liegt.

Doch weshalb wurde dieses Machtgefüge von so vielen akzeptiert – und wird es von manchen immer noch? Das eurozentrisch-heteronormative Patriarchat bietet auch Menschen, die es diskriminiert, begrenzte Möglichkeiten, dominante Positionen einzunehmen. Wohlhabenden Frauen fällt es mitunter leichter, sich Männern unterzuordnen, wenn sie deren Wohlstand teilen und nach Belieben konsumieren können. Umgekehrt mag ein lohnabhängiger Arbeiter sein Selbstwertgefühl dadurch stärken, dass er zu Hause ein Despot ist. Manche lesbische cis Frau, mancher schwule cis Mann legt Wert darauf, eine »normale« Frau, ein »normaler« Mann zu sein, und lehnt trans* Personen ab. Es gibt Männer of Color, die eine »harte« Maskulinität kultivieren und »weiche« schwule Männer mit Verachtung sehen. Und es gibt weiße lesbische Frauen, die eine »deutsche Normalität« gegen die Immigration von People of Color in Stellung bringen. Das eurozentrisch-heteronormative Patriarchat stabilisiert sich nicht zuletzt dadurch, dass auch Diskriminierte diskriminieren können.

Andererseits sind viele Menschen – queere Frauen zum Beispiel oder non-binäre People of Color – von mehreren Formen der Diskriminierung zugleich betroffen. Man spricht hier von »Intersektionalität«:[4] Verhältnisse der Ungleichheit und Unterdrückung überlagern sich und verstärken einander. Wer schutzlos auf einer befahrenen Straße steht, ist gefährdet; noch gefährdeter ist, wer sich auf einer Kreuzung befindet, wo zwei Straßen – oder gar mehrere – zusammentreffen. Gefährdete können dabei selbst, auch unbe-

4 Kimberle Crenshaw: Demarginalizing the Intersection of Race and Sex. A Black Feminist Critique of Antidiscrimination Doctrine, Feminist Theory and Antiracist Politics, in: University of Chicago Legal Forum 1989, 139–167.

wusst, zur Gefährdung anderer, noch verletzlicherer Menschen beitragen. Diese Gemengelage fordert auch diskriminierte Personen dazu heraus, selbstkritisch über Privilegien nachzudenken, die sie anderswo genießen mögen – und aus der eigenen Diskriminierungserfahrung heraus für die wie auch immer gelagerte Diskriminierung anderer Menschen sensibel zu werden. Nur so sind Perspektiven zu öffnen, in denen Kämpfe gegen verschiedene Arten von Diskriminierung *zusammenfinden* können.

In solch eine Perspektive stellt auch Robert Goss seinen Theologie-Entwurf.[5] Dabei geht er davon aus, dass selbst eine scheinbar wohlmeinende Marginalisierung sogenannter Minderheiten-Forderungen – die Behauptung, dass sie für das große Ganze doch »nicht wichtig« seien – wesentlich zu Diskriminierung beiträgt. Wenn Geschlechtsunterschiede »nicht wichtig« sind, kann man der Einfachheit halber an männlichen G*ttesbildern festhalten. Wenn Hautfarbe »nicht wichtig« ist, spricht nichts dagegen, Jesus wie gewohnt als weißen Mann darzustellen. Wenn Herkunft »nicht wichtig« ist, können reiche Menschen auch in den Kirchen weiter tonangebend sein. Alles darf dann bleiben, wie es ist! Dagegen haben zu Recht Theologien der Befreiung protestiert. Sie

5 Goss, Jesus, xvi–xviii.

fordern: Das Marginalisierte gehört in den Mittelpunkt. G*tt ist weiblich! Jesus ist Schwarz! Kirche ist Kirche der Armen! Nach Goss sollten sich auch queere Menschen nicht für »unwichtig« erklären lassen. G*tt ist queer!

Dies ernst zu nehmen, erfordert nach Goss aber zunächst eine »Dekonstruktion« des Christentums. Denn der Christus der überkommenen Verkündigung ist ein Christus des Heteropatriarchats. Als das Christentum entstand, waren asketische Strömungen in Mode. Lebensratgeber*innen – damals Philosoph*innen genannt – propagierten unterschiedliche Modelle der Selbstbeherrschung. Manchen ging es dabei um verfeinerte Lebenslust: Die Schule Epikurs empfahl die Freude an einfachen Dingen wie Essen, Gespräch und Freundschaft – und zwar maßvoll, um jeglicher Abhängigkeit vorzubeugen. Was Letztere betrifft, beschritten Kyniker*innen radikalere Wege: Sie wollten gänzlich ungebunden sein, lebten besitzlos wie Hunde (gr. »*kýnes*«) und genossen, was der Tag brachte. Deutlich vornehmer – und populär vor allem in der Oberschicht – war die Stoa, die dazu anhielt, Verantwortlichkeiten pflichtbewusst wahrzunehmen, dabei von Gefühlen gänzlich unberührt zu bleiben und den Wechselfällen des Lebens mit Apathie zu begegnen. Solche Leidenschaftslosigkeit konnte man wiederum auch radikalisieren: Enthaltsamkeits-Künstler*innen versuchten, selbst elementarste Bedürfnisse hinter sich zu lassen. All diese Lebensschulen waren asketisch – ihre Gefolgschaften »übten« sich darin (griechisch: »*askeîn*«), spontane Impulse mehr oder weniger streng zu bändigen. Selbstbeherrschung war dabei mit »Männlichkeit« verbunden, Sich-gehen-Lassen mit »Weiblichkeit«. Glänzte auch eine Frau als Asketin, hatte sie die »weibliche« Natur überwunden und war innerlich zum »Mann« aufgestiegen. Umgekehrt konnte ein Mann, der sich nicht im Griff hatte, zur »Frau« herabsinken – bei gleichgeschlechtlichem Sex zum Beispiel, und hier besonders, wenn er sich penetrieren ließ.

In dieser kulturellen Atmosphäre breitete das Christentum sich aus und übernahm asketische Ideale – mitsamt den spezifischen Formen von Misogynie und Homophobie, die darin eingewoben waren. Man ging davon aus, Jesus habe zölibatär gelebt – obgleich die neutestamentlichen Texte darüber gar nichts sagen. Zu Jesu Sexualität findet man dort ebenfalls kein Wort. Klar schien trotzdem, dass Jesus, von einer Jungfrau geboren, selbst ein jungfräulicher Mensch gewesen sei. Der politische, emotionale, bisweilen schroffe oder angsterfüllte Jesus der synoptischen Tradition trat gegenüber dem abgeklärten, über allem stehenden Jesus zurück, den das Johannesevangelium zeichnet; er schien einem Stoiker recht ähnlich.

Sogar G*tt übte sich in Apathie: Der eifernde und duldsame, zornige und zugewandte G*tt der Bibel übernahm die griechische Philosophie und ruhte nunmehr ganz in sich. Mit diesem G*tt wurde Jesus eines Wesens. Dessen asketische »Männlichkeit« war damit »in das göttliche Sein aufgenommen und wurde normativ für die soziale Konstruktion und Legitimation patriarchaler Machtverhältnisse. Männlichkeit war mit überlegener Vernunft, Spiritualität und Autorität verknüpft, während man Weiblichkeit für minderwertig hielt und mit Gefühlen, Verkörperung und Sinnlichkeit in Verbindung brachte. Das Verbot gleichgeschlechtlicher Praktiken wurzelte in den Interessen einer hierarchischen, männlichen, zölibatären und klerikalen Kirche, die sich vor Lust und Leidenschaften schützen wollte. [...] Die Männlichkeit Jesu wurde benutzt, um eine Frauenfeindlichkeit, die in Kirche und Gesellschaft grassierte, zu rechtfertigen.«[6] Der kirchliche Christus wurde ein misogyner, homophober Unterdrücker.

4.3 Jesus, der Befreier

Ist die historische Bedingtheit dieses kirchlichen Christus aber einmal offengelegt – das meint Goss

6 A.a.O., 67.

mit »Dekonstruktion«[7] –, wird es möglich, einen neuen Jesus zu entdecken: einen Jesus, der kein Unterdrücker, sondern ein Befreier ist. Für Goss ist das jener Jesus, der verkündet: Das G*ttesreich ist angebrochen. Was Jesus damit meint, verdeutlicht er in Metaphern und Geschichten, die dem Alltag entnommen sind und zugleich das Alltägliche durchbrechen: Ein Hirt lässt seine Herde für ein einziges Schaf im Stich (18,12–13; Lk 15,4–7); eine Aussaat bringt ohne Zutun Erträge, die selbst für die moderne Agrochemie utopisch sind (Mk 4,26–29); aus einem Senfkorn wächst kein unscheinbarer Busch, sondern ein prachtvoller Baum, der an den Weltenbaum erinnert (Mt 13,31–32; Lk 13,18–19). Auch soziale Grenzen werden überwunden: Ein »barmherzi-

7 Goss' Ansatz dazu bleibt naturgemäß skizzenhaft. Eine anders gelagerte, detaillierte Dekonstruktion christlicher Homophobie findet man bei Michael Brinkschröder: Sodom als Symptom. Gleichgeschlechtliche Sexualität im christlichen Imaginären – eine religionsgeschichtliche Anamnese, Berlin 2006. – Die interessante und umstrittene Gegenthese, dass es in der christlichen Tradition durchaus Räume auch für gleichgeschlechtliche Bindungen gegeben habe, vertritt John Boswell: Same-Sex Unions in Pre-Modern Europe, New York 1994.

ger Samariter«, so Goss, war vielen im ersten Jahrhundert genauso unvorstellbar wie heute manchen eine »queere Christin« (Lk 10,25–37).[8] Der Vater im Gleichnis vom verlorenen Sohn verhält sich nicht, wie es von einem Patriarchen zu erwarten wäre (Lk 15,11–32). Eine Witwe wird zum Vorbild, die aufdringlich und unbekümmert um die Männerherrschaft ihre Rechte fordert (Lk 18,1–8). Und ein großes Gastmahl stellt gesellschaftliche Hierarchien gänzlich auf den Kopf (Lk 14,15–23). Lediglich *gesprochen* hat Jesus vom Reich G*ttes jedoch nicht; er hat es auch *vollzogen* und zur Tat gebracht: durch Heilung, Dämonenaustreibung und offene Mahlgemeinschaft. In Jesu Vision des G*ttesreiches »ist die entscheidende Alternative nicht, dass Unterdrücker und Unterdrückte ihre Rollen tauschen. Der Kreislauf des Machtmissbrauchs [...] soll zum Stillstand kommen. [...] Gottes Herrschaft soll den Armen und Unterdrückten gehören, die liebevollen Dienst ausüben, nicht dominierende Macht. Der Dienst bei Tisch soll die politische Infrastruktur von Gottes neuer Gesellschaft werden.«[9]

Diese Vision scheitert zunächst. Jesus stirbt am Kreuz. Doch G*tt lässt dem Tod nicht das letzte Wort – und setzt Jesu Leben so ins Recht. »Ostern

8 Goss, Jesus, 73.

9 A.a.O., 74.

verkörperte Gottes Handeln der Solidarität und Gerechtigkeit; Gott identifizierte sich mit der solidarischen Praxis des ermordeten Jesus. Die Ostertat Gottes verwandelte Jesus in ein Gleichnis, ein Gleichnis über Gott. Gott offenbarte sich als die barmherzige Macht der Gerechtigkeit, die Jesus vor dem Tod errettete. Ostern wurde zum Ereignis der befreienden Praxis Gottes, der Wahrheit Gottes für Gerechtigkeit.«[10] Damit wird Ostern auch zur Hoffnung für queere Befreiungskämpfe: »Der queere Kampf um sexuelle Befreiung wird ein Triumph; das ist die Verheißung von Ostern. [...] In seiner Solidarität mit uns hat Gott an Ostern Jesus queer gemacht. Mit anderen Worten: Jesus hat sich ›geoutet‹ und wurde zum ›queeren‹ Christus. [...] Jesus, der Christus, ist queer durch seine Solidarität mit Queers«.[11]

Goss überträgt die befreiungstheologische Kernidee auf queere Emanzipationsbewegungen: G*tt verheißt Gerechtigkeit, und deshalb können wir heute auch von einem queeren G*tt und einem queeren Christus sprechen. Ob hingegen der historische Jesus etwa schwul gewesen sei, darüber will Goss nicht spekulieren.[12] Manche lösen das Rätsel, das Jesu Ehe oder Ehelosigkeit um-

10 A. a. O., 78.

11 A. a. O., 84.

12 A. a. O., 82.

gibt, durch eine andere Vermutung: Er habe nicht bloß überraschend freundlich von »Eunuchen« gesprochen – von Menschen, die durch geburtliche Merkmale oder Eingriffe weder als eindeutig männlich noch als weiblich galten (Mt 19,12) – sondern sei selbst »Eunuch« gewesen; dann hätte ihm eine Heirat gar nicht erst offengestanden. Spekulation ist das natürlich ebenfalls.[13] Besser bleibt man dabei, dass man über Jesu Sexualität und geschlechtliche Identität nichts weiß. Wenn man wollte, wäre dem sogar eine theologische Pointe abzugewinnen: Jesus ist * – und verkörpert gerade so *für alle* Befreiung und Erlösung.

---

13 Halvor Moxnes bezieht sich auf das »Eunuchenwort«, um das mit Jesus verbundene Männlichkeitsbild produktiv zu destabilisieren. Er behauptet jedoch ausdrücklich nicht, dass Jesus selbst »Eunuch« gewesen sei. Halvor Moxnes: Jesus in Gender Trouble, in: CrossCurrents 54/3 (2004), 31–46.

Zum Weiterlesen: Queer-theologische Differenzen und Kontroversen

Susannah Cornwall: Controversies in Queer Theology, London 2011.

Miriam Leidinger: Queer, Queer-Theorien und queere Theologien, in: εὐangel. magazin für missionarische pastoral 2–2020 (https://www.euangel.de/ausgabe-2–2020, 31.12.2022).

Andreas Krebs: Queere Theologien zwischen radikaler Orthodoxie und radikaler Kritik, in: Marianne Heimbach-Steins, Judith Könemann, Verena Suchhart-Kroll (Hg.), Gender (Studies) in der Theologie – warum und wozu?, Münster: Aschendorff 2021, 213–223.

5 G*tt am Kreuz

5.1 Tod einer »Schwuchtel«

»Sie haben eine Schwuchtel getötet«. Unter dieser Schlagzeile berichtete die argentinische Boulevardpresse von einem Mord. Der Schriftsteller Néstor Perlongher zitiert die Schlagzeile im Titel eines Essays, der dem lateinamerikanischen Machismo und seiner Verbindung mit antihomosexueller Gewalt nachgeht. Veranlasst wurde der Text durch eine Mordwelle an Schwulen, die zwischen 1987 und 1988 durch Argentinien ging. Auch bekannte Persönlichkeiten fielen ihr zum Opfer. »Verdammt«, so gibt Perlongher die Worte eines Polizisten wieder, »die *loca* war berühmt«. Das spanische Wort »*loca*« kann auf abfällige Weise eine »verrückte« Person, eine Dragqueen, auch Sexarbeitende bezeichnen.[1]

Die Queer-Theologin Marcella Althaus-Reid knüpft in einem Kommentar zum Markus-Evangelium an Perlonghers Essay an. Die »Schwuch-

---

1 Nestor Perlongher: Matan a un marica, in: ders., Prosa plebeya. Ensayos 1980–1992, Buenos Aires 2008, 34–40.

tel« war, so vermutet Althaus-Reid, ein Transvestit. War sie unterwegs zu einer Performance? Auf der Heimkehr von einer Party? Oder wartete sie als Sexarbeiterin auf Kundschaft, als sie plötzlich angegriffen wurde? »Da liegt, auf dem schlammigen Weg, die Liebe zu glänzenden Schals und gepunkteten Blusen à la Marilyn Monroe. Da sieht man die raffinierte Weiblichkeit langer, bunter Ohrringe und mit Bändern geschmückter, hochhackiger Schuhe. All das, was sie ausmachte – die liebevolle Hand, die ihre Bluse nähte und ihre Ohrringe aus Teilen zusammenfügte, die miteinander gut aussahen, ihre Liebe zum Leben – all das liegt nun blutbedeckt im Schmutz der Straße.« Wer sie getötet hat, ist unbekannt. Da ruft der Polizist, der die Leiche begutachtet: »Verdammt! Die *loca* war berühmt!« Die Sorgfalt ihrer Schminke, die Qualität ihrer Kleidung – sie verraten, dass sie zur lokalen Prominenz gehörte.

Althaus-Reid versteht den Ausruf des Polizisten als Echo jener Worte, die der römische Hauptmann an Jesu Kreuz ausstieß: »Verdammt! Er war der Sohn Gottes!« (vgl. Markus 15,39). Und so fährt Althaus-Reid fort, die mutmaßliche Geschichte der ermordeten »Schwuchtel« als »Kruzi/Fiktion« zu erzählen: »Sie hatte einen kurzen Auftritt in irgendeiner örtlichen Fernsehsendung, oder vielleicht gab sie einer Boulevardzeitung ein Interview zu Menschenrechten und Sexualität. Irgendwie gehörte sie zu einem kleinen Kreis von Prominenten. Ihr Tod kann Aufsehen erregen; vielleicht ist dies nicht bloß ein weiterer Mord, der ungestraft bleibt. Er kann Fragen und Probleme aufwerfen.« Am Ende lenkt dieser Tod gar die Aufmerksamkeit auf den Tod weiterer Menschen, die so sind wie sie. Das Verbrechen könnte Debatten und Veränderungen anstoßen und, so schrecklich es ist, zur »Erlösung« von Transvestiten beitragen. Dann könnte es geschehen, »dass eines Tages ein Transvestit einen Job finden, ein anständiges Leben führen, lieben und glücklich sein kann«. Dazu soll es nicht kommen. Der Leichnam muss fortgeschafft werden. Doch andere Transvestiten, die mit der »*loca*« befreundet waren, werden kommen und fragen: »Hast du unsere Freundin gesehen? Wo hast du ihre Leiche hingelegt?« Man wird sie nicht finden. Ihren Verbleib umgibt ein Geheimnis. Und dann werden die Mädchen sagen: Unsere Freundin ist in den Himmel aufgefahren. »Der Name des Transvestiten wird zur Legende werden. Eines Tages werden die Mädchen Medaillen mit dem verjüngten und schmeichelhaften Porträt jenes Menschen tragen, der nicht gestorben ist. Sie haben eine Schwuchtel getötet, aber sie wird wiederkommen.«[2]

2 Marcella Althaus-Reid: Mark, in: Robert Goss et al. (Hg.), The Queer Bible Commentary, London 2006, 517–525: 517–519.

5.2 Gegen den Anstand

Marcella Althaus-Reid (1952–2009) stammte, wie Perlongher, aus Argentinien. Römisch-katholisch aufgewachsen, konvertierte sie im jungen Erwachsenenalter zum Methodismus. Als Feministin, Queer-Aktivistin und Professorin für Kontextuelle Theologie an der Universität Edinburgh war sie zutiefst von der lateinamerikanischen Befreiungstheologie geprägt. So teilte sie mit Robert Goss den ethisch-politischen Ausgangspunkt und entwickelte daraus – mit Scharfsinn, Witz und Mut zur Provokation – eine Theologie, die sich programmatisch der »Unanständigkeit« verschrieb.

Nach Althaus-Reid waren es Kolonisator*innen, die das Leitbild der »Anständigkeit« nach Lateinamerika gebracht haben. Es reguliert besonders das Leben von Frauen – bis hin zur Kleidung und zu Zeiten, zu denen sie öffentlich gesehen werden dürfen. Aber auch Männer haben sich keinesfalls bei »Unmännlichkeit« ertappen zu lassen. Oft sind es ausgerechnet Mütter und Schwestern, die bereits Söhne und Brüder dazu anhalten, ein »richtiger« Junge zu sein. Auch für heterosexuelle cis Männer ist Anstand ein erstickendes Korsett. »Anstand als theologische Kategorie bezieht sich auf die Politik dessen, was als angemessen und geordnet gilt – in unserem Leben [...] und in unserer Beziehung zu Gott.«[3] Hiergegen setzt Althaus-Reid eine Methode systematischen »Verunanständigens«: »Mit *Verunanständigen* meine ich eine Weise, Theologie zu machen; eine Weise, politische und queere Theologie der Zugehörigkeit und des Werdens zu machen, die sich mit einem Evangelium der Gerechtigkeit befasst.« Zugleich möchte das Verunanständigen »sexuelle Ideologien in der Theologie entlarven«[4].

Komprimiert benennt Althaus-Reid hier zentrale Aspekte ihrer theologischen Methode. Beim Verunanständigen handelt es sich, erstens, um ein *kritisches* Vorgehen. Es will theologische Vorstellungen und Praktiken »entlarven«, die sexuell aufgeladen sind und eben das zugleich verleugnen – eine Doppelbödigkeit, die sie als »Ideo-

---

3 Marcella Althaus-Reid: The Indecency of Her Teaching. Notes for Cube Teaching of Feminist Theology in Europe, in: Elisabeth Schüssler Fiorenza (Hg.), Feminist Theology in Different Contexts, London 1996, 133–140: 136.

4 Marcella Althaus-Reid: Doing a Theology from Disappeared Bodies. Theology, Sexuality, and the Excluded Bodies of the Discourses of Latin American Liberation Theology, in: Mary McClintock Fulkerson/Sheila Briggs (Hg.), The Oxford Handbook of Feminist Theology, Oxford 2011, 441–455: 448.

logien« auszeichnet. Beispielsweise erzählt Althaus-Reid einmal von ihrer Kindheit, als sie zur Vorbereitung auf die Erstkommunion zur Beichte ging. Für die Kinder saß der Priester außerhalb des Beichtkastens auf einem niedrigen Stuhl; Jungen hatten *vor* ihm zu knien, Mädchen zu seiner rechten Seite. Althaus-Reid schildert, wie sie sich zunächst weigerte, während der Beichte die Mädchenposition einzunehmen, und stattdessen vor dem Priester knien wollte. Dies trug ihr dessen Tadel und auch den des Allmächtigen ein, dem sie diese kleine Rebellion dann ebenfalls bekennen musste. Im Rückblick, schreibt sie, »konnte man sehen, wie sich die liturgische symbolische Geografie bezüglich geschlechtlicher und sexueller Positionen in den Kirchenstrukturen zu organisieren begann – schon in dieser Gruppe achtjähriger Kinder, die sich um die Position des priesterlichen Penis versammelten. Auch das war Teil der Katechese, ein Erkennen von Positionen, die sich auf den allgegenwärtigen göttlichen Phallus beziehen.«[5]

Die geschilderte Beichtliturgie, die dem Anstand zu dienen vorgibt, erweist sich als zutiefst unanständig. In Wahrheit geht es ihr um die Inszenierung und Durchsetzung als »heilig« über-

5 Marcella Althaus-Reid: The Queer God, London 2003, 10.

höhter, phallozentrischer Macht. Unter dem schützenden Mäntelchen des Anstands funktioniert das freilich nur, wenn die phallozentrische Macht zugleich verneint und bestritten wird. Das Halbdunkel doppelter Botschaften ist ihr Biotop. Das Verunanständigen will ans Licht reißen, was sich dort verbirgt.

Althaus-Reids Unterfangen ist freilich nicht nur ein kritisches, sondern, zweitens, auch ein *emanzipatorisches*. Dem Verunanständigen geht es um »Gerechtigkeit«. Gegen den patriarchalen Phallozentrismus ergreift Althaus-Reid Partei für alle, die sich quer zu den Vektoren solcher Herrschaft befinden: Lesben, Schwule, Bisexuelle, Intersexuelle, trans* Personen, Nonbinäre, die auf je verschiedene Weisen den am priesterlich-göttlichen Phallus orientierten Geschlechterdualismus durcheinanderbringen; BDSMler:innen, die Kontrolle und Unterwerfung in ein konsensuelles Spiel verwandeln; Hausfrauen, die sich entgegen dem patriarchalen Besitzanspruch zu lebenslanger Monogamie außerstande sehen; aber auch Bewohner*innen der »chaotischen« Favelas und Anhänger*innen »synkretistischer« Religionen, die den Ordnungswünschen weltlicher und geistlicher Autoritäten nicht entsprechen. Hier wird deutlich, dass Althaus-Reid den Queer-Begriff entschieden intersektional anlegt – sie thematisiert mit ihm ganz unterschiedliche, sich überschneidende Formen der Unterdrückung und des Widerstands. Das Heteropatriarchat betrifft nicht allein die Geschlechtlichkeit; seine weltweite Durchsetzung gehört zu einem umfassenden missionarischen, kapitalistisch-kolonialen und rassistischen Projekt. Gegen die Vereinsamung und Machtlosigkeit derer, die es zu Opfern machen will, sucht Althaus-Reid nach neuen, solidarischen »Zugehörigkeiten«.

Drittens ist das Verunanständigen aber auch eine *konstruktive* Methode, die neue Aspekte der biblischen Erzählungen und G*ttesbilder zu erschließen sucht – und dabei auf eine Theologie des »Werdens« setzt, die Neu-Entdeckungen G*ttes für möglich hält. So erkennt Althaus-Reid etwa strukturelle Parallelen zwischen der Tötung Jesu und dem Mord an sexuellen Dissident*innen: Oft stelle die Klatschpresse Letztere als Menschen dar, die den eigenen Tod gesucht hätten. Angeblich provozieren sie selbst jene Gewalt, die sich gegen sie richtet. Warum suchen sie auch Orte auf, wo sie besser nicht gesehen werden sollten? Vielleicht lieben sie jemanden zu sehr, vielleicht sind sie zu einsam, um vernünftig zu sein – also sind sie selber schuld! Es genügt nicht, dass queere Menschen den Tod »verdienen«: Sie selbst sollen ihn sich wünschen. Erinnert das nicht daran, wie traditionell vom Justizmord an Jesus gesprochen wird? Dieser musste ja ahnen, was kommen würde. »Er hätte es unterlassen können, nach Jerusalem hinaufzugehen, und einmal dort, hätte er die Konfrontation vermeiden können, oder er hätte sich, nachdem er die Stadt verlassen hatte, nicht auf einen Hügel begeben müssen« – wo er wusste, dass man ihn mit seinen Freund*innen »auf frischer Tat ertappen würde«.[6] Jesus hätte demnach sein Schicksal gesucht. Oder auch sein G*tt: Hat nicht im Letzten G*tt selbst diesen Jesus grausam in den Tod getrieben? Doch wer so denkt und spricht, identifiziert sich mit den Täter*innen – und erzählt *ihre* Geschichten, die ihrer Entlastung dienen. In Wahrheit sind sie und niemand sonst dafür verantwortlich, was Jesus angetan wurde – und seinem G*tt.

Das Kreuz ist für Althaus-Reid letztlich der Versuch, einen queeren Messias und mit ihm eine queere G*ttheit aus der Welt zu schaffen. »Der queere Mann Gottes hat sich geoutet und [...] die Herzen gewonnen.« Seine Gemeinschaft wurde stark genug, um Möglichkeiten eines anderen Lebens aufzuzeigen: »Es war eine Art Stonewall-Widerstand, der sich zwischen Synagogen und Privathäusern entwickelte.« In der New Yorker Christopher Street widersetzten sich Gäste der queeren Bar »Stonewall Inn« im Juni 1967 einer

6 Althaus-Reid, Mark, 524.

Razzia der Polizei – ein Ereignis, das zur Initialzündung der weltweiten LGBTIQ*-Bewegung wurde und an das bis heute mit jährlichen Pride-Paraden (Christopher Street Days) erinnert wird. Doch wie es zunächst auch bei Stonewall der Fall war, kann Widerstand mit Gewalt beendet werden. »Jetzt sehen wir einen Jesus, der einige Freunde verloren zu haben scheint, einen Jesus ohne liebevolle Begleiter. Es ist ein Jesus, der mit Küssen und Zuneigung begrüßt, der aber auch verraten, verlassen und verleugnet wird.« Die Demütigungen und Folterungen, das Gelächter und der Spott nehmen ihren Lauf. Sie enden erst damit, »dass dieser arme, zerbrechliche junge Gott auf der Müllhalde seiner Stadt einen elenden Tod stirbt«.[7]

Was bleibt von ihm? Die Leiche der ermordeten »Schwuchtel« wurde still beseitigt. Das Grab des gekreuzigten Messias erweist sich als leer (Mk 16,1–8). Doch der Schrecken hat nicht das letzte Wort. Die Abwesenheit und Leere wird zum Himmel. In ihn ist die »Schwuchtel«, ist der Messias aufgefahren. Sie sind bei G*tt. Und G*tt ist neues Leben. Die »Schwuchtel«, der Messias – sie kommen wieder in Herrlichkeit.

7 Ebd.

5.3 Über den Tod hinaus

Dennoch bleibt das Kreuz eine Realität, bis heute. Man möchte, so Althaus-Reid, »die vielfältigen Auferstehungen Jesu ein für alle Mal vernichten, ihn ein für alle Mal an ein stabiles Kreuz heften, damit kein queerer Gott das tut, was queere Götter tun« – nämlich jene Heteronormativität aufsprengen, die zahllose Möglichkeiten religiöser Erfahrung und menschlicher Liebe auf *eine* Option reduziert. »Aber wird der queere Jesus wiederauferstehen? Ich gehöre zu einer Gemeinschaft von Menschen, die meinen, die Auferstehung des queeren Gottes sei nicht nur möglich, sondern bereits Wirklichkeit.« Der queere G*tt ist überall, wo es den Mut gibt zu glauben, dass G*tt voll und ganz unter Ausgegrenzten gegenwärtig ist. G*tt hat ein Coming-out, wenn G*tt aus heteronormativer Theologie ausbricht, wenn G*tt die Grenzen der politisch-sexuellen Ideologien sprengt. Sexuelle Dissident*innen sind Botschafter*innen dieses G*ttes. Sie erheben ihre Stimmen, um das Ideologische in Theologie und Kirche bloßzulegen. Sie wagen es, in einer Welt, in der auch die Liebe zur Ware geworden ist, mit Integrität zu lieben. »In jeder Gemeinschaft ausgegrenzter Menschen, in jedem Zentimeter des Kampfes für sexuelle und ökonomische Gerechtigkeit offenbart sich tatsächlich der queere Gott in vollem Glanz, in Macht und Gnade.«[8]

Zum Weiterlesen: Die Theologie Marcella Althaus-Reids

Lisa Isherwood, Mark D. Jordan (Hg.): Dancing Theology in Fetish Boots. Essays in Honour of Marcella Althaus-Reid, London 2011.

Lisa Isherwood, Hugo Córdova Quero (Hg.): The Indecent Theologies of Marcella Althaus-Reid. Voices from Asia and Latin America, London 2020.

Thia Cooper: Queer and Indecent. An Introduction to Marcella Althaus-Reid, London 2021.

8 A. a. O., 525.

6 Queere Österlichkeit

6.1 »Dies ist mein Leib«

»In Michigan wollte ein Mann namens David, dass seine zwölfjährige Lebensgemeinschaft mit Jon von einem Vertreter Gottes gesegnet werde, bevor er starb. David lag auf der Couch, während Jim, ein schwuler presbyterianischer Geistlicher, der ebenfalls AIDS hat, seine Hände zu den ruhigen Klängen des Friedens bewegte. Er sprach tröstende Worte des Segens über diese beiden Leben, die durch Gottes Gnade verbunden waren. ›Was Gott vereint hat, soll der Mensch nicht trennen ...‹ Als der Geistliche begann, mit den Anwesenden die Eucharistie zu feiern, sagte er die vertrauten Worte: ›Dies ist mein Leib, für dich gebrochen‹, und das war der Augenblick, in dem David starb. ›Tut dies zu meinem Gedächtnis‹.«[1]

---

1 William F. Brantley: Thunder of New Wings. AIDS – a Journey Beyond Belief, in: Stephen B. Boyd et al. (Hg.), Redeeming Men. Religion and Masculinities, Louisville 1996, 209–221: 217; zitiert bei Graham Ward: Transcorporeality. The onto-

Davids Sterben ist verbunden mit dem Sterben Jesu – durch das »Gedächtnis«, das Vergegenwärtigen des letzten Mahles, das Jesus im Kreis der Jünger*innen hielt. Die Eucharistie feiert zugleich die Beziehungen, die David tragen, bis zu diesem letzten Moment. Vor allem die Beziehung mit Jon. Sie steht schon unter G*ttes Segen, bevor ein Mensch, G*tt vertretend, diesen Segen auch ins Wort bringt. Dass dies geschieht, ist Dank und Lob für G*ttes Gnade. Zwei Leben, die G*tt verbunden hat, soll niemand auseinanderreißen (Mt 19,6). Nicht einmal der Tod. G*tt hat Jesus auferweckt und dem Tod den Sieg genommen. Trennung, Schmerz und Trauer bleiben nicht für immer. Schon jetzt öffnet sich ein neuer Himmel, wächst eine neue Erde. G*tt macht alles neu (Apk 21,4).

Dieser Glaube will mehr sein als eine abstrakte Idee. Ihm geht es um eine leibhafte Wirklichkeit. Jesus bezeichnet beim letzten Mahl das Brot als seinen »Leib«. Und denen, die dieses Mahl feiern, ist zugesagt: »Darum sind wir viele ein Leib; denn wir alle haben teil an dem einen Brot« (1 Kor 10,17). Was für ein Leib aber ist das, der da für uns gebrochen wird, damit wir in der Gebrochenheit *unserer* Leiber zu Gliedern *seines* Leibes werden – und in

---

logical scandal, in: ders., Cities of God, London 2000, 81–96: 82.

ihm miteinander und mit G*tt so tief verbunden sind, dass sogar die äußerste Trennung, der Tod, überwunden ist?

6.2 Transkorporealität

Die neutestamentlichen Ostergeschichten geben dem Leib des auferstandenen Jesus etwas Konkretes und zugleich Ungreifbares, Durchlässiges. Am Ende des ursprünglichen Markustextes steht das leere Grab (Mk 16,1–8): Als die Frauen es erblicken, ergreifen sie die Flucht. Zu verstörend ist für sie, dass dieser Körper, dem sie einst so nahe waren, plötzlich fort sein soll. Jesus hatte keinen Scheinleib, sondern wurde, wie jeder Mensch, von einer Frau geboren – ganz konkret als Jude; sein Leib gehörte, durch die Beschneidung sichtbar (Lk 2,21), dem von G*tt erwählten, dem Rest der Welt aber allzu oft verhassten Volk. Die Beschneidung zeigt zudem, dass Jesus keineswegs ungeschlechtlich war. Schließlich wurde er – nackt, entehrt, »entmännlicht« – zum Opfer des sadistisch sexualisierten Gewaltrituals der Kreuzigung.[2] Was heißt es, dass dieser Leib sich nun entzieht? Im leeren

2 David Tombs: Crucifixion, State Terror, and Sexual Abuse, in: Union Seminary Quarterly Review 53 (1999), 89–109.

Grab sitzt ein junger Mann, G*ttes Engel, und sagt: »Er ist nicht hier« (Mk 16,6).

Wenn die G*tt-Ebenbildlichkeit der Menschen darin liegt, dass sie am Geheimnis G*ttes teilhaben (Abschnitt 2.3), liegt die tiefste Verletzung ihrer Würde darin, sie ihres Geheimnisses zu berauben. Eine Person, die kein Geheimnis haben soll, macht man durch Zwang berechenbar; sträubt sie sich, bekommt sie Gewalt zu spüren; wo das nicht gelingt, reduziert Folter sie auf Schmerz; und wenn auch das nicht reicht, kann man sie noch töten: Dann ist sie endgültig zur Sache geworden, jeder Unergründlichkeit beraubt. Doch G*tt rettet das Geheimnis Jesu über dessen Foltertod hinaus. Mit dem Geheimnis dieses Menschen bewahrt G*tt das Geheimnis aller Menschen – und das eigene Geheimnis. Deshalb ist das Grab, wie das Allerheiligste des Jerusalemer Tempels, leer.

Doch diese Leere ist kein Nichts. Jesu Leib ist bloß »nicht *hier*«. »Er wurde auferweckt«, sagt der Jüngling, »ihr werdet ihn sehen.« G*tt verlässt Jesus nicht, und Jesus nicht die Seinen. Auf dem Weg nach Emmaus erscheint er den Jünger*innen – allerdings als Fremder, und er verschwindet in dem Moment, da er sich beim Brechen des Brotes zu erkennen gibt (Lk 24,31). Im Johannesevangelium sieht ihn Maria von Magdala als Gärtner, der nicht zu berühren, nicht festzuhalten ist

(Joh 20,17). Der Jünger Thomas mag sich mit dieser Unfasslichkeit nicht abfinden (Joh 20,24–29): So wird ihm doch gestattet, den Auferweckten anzupacken. Ob Thomas das Erlaubte dann auch tut, bleibt freilich offen. Gelobt jedenfalls wird er dafür, »gesehen« zu haben (Joh 20,29a), und glücklich gepriesen werden die, die nicht einmal sehen (Joh, 20,29b) – also die, denen auch ein optischer Eindruck nicht vorgaukeln kann, »begriffen« zu haben! Der Leib Jesu hat den Tod und damit alle Grenzen dieser Welt gesprengt. Er hat eine »eschatische« – auf die Vollendung der Welt ausgreifende – Dimension.

Der englische Theologe Graham Ward stellt diese eschatische Dimension des Leibes Jesu in den Mittelpunkt einer Theologie der »transcorporeality«.[3] Man kann das Wort als »Trans-Körperlichkeit« übersetzen; liest man »transcorpo-reality«, schwingt aber auch so etwas wie »Transkörper-Wirklichkeit« mit. Ich verwende deshalb im Deutschen das Kunstwort »Transkorporealität«. Denn für Ward ist tatsächlich entscheidend, dass Jesu eschatischer Leib keine geisterhafte Phantasie ist, sondern Realität – und das

---

3 Graham Ward gewinnt den Begriff erstmals aus einer Beschäftigung mit Jean-Luc Nany. Graham Ward: Theology and Critical Theory, New York 1996, 105–113.

nicht erst seit Ostern, sondern seit dem Moment der Inkarnation. Jesu Leib ist in einem eminent theologischen Sinne queer und trans*.

Gewiss, Jesus wurde, was seine Identität auch immer war, als Mann gelesen; auch das gehört zur Materialität und Konkretheit der Inkarnation. Aber nach dem, was von Jesus erzählt wird, war diese Materialität und Konkretheit zugleich eschatisch bestimmt – schon dadurch, dass Jesus keinen männlichen Erzeuger hatte. Nimmt man die Jungfrauengeburt als Tatsache, kann Jesus im »biologischen« Sinn kein gewöhnlicher Mann gewesen sein: »Die Vaterschaft Gottes ist formal, nicht material. Aber diese Form prägt den Inhalt, so dass unsere Vorstellungen von ›Materialität‹ ins Rutschen geraten. [...] Die XY-chromosomale Männlichkeit Jesu Christi geht als Wunder aus der XX-chromosomalen Weiblichkeit seiner Mutter hervor, und deshalb ist dieser männliche Leib anders als jeder andere Leib zuvor. Seine Materialität ist, seit seiner Empfängnis, unbeständig.«[4] Bemerkenswert naturalistisch führt Ward damit jede naturalistische Betrachtung des Leibes Jesu ins Absurde. Dem Argument etwa, Jesu Männlichkeit schließe Frauen vom kirchlichen Amt aus, liegt ein solcher Naturalismus zugrunde,

4 Graham Ward: The displaced body of Jesus Christ, in: ders., Cities of God, 97–116: 98f.

aber auch der Frage, ob Frauen einen Mann als Erlöser haben können.[5] Nach Ward vergisst man hier, dass der Leib Jesu schon bei seiner Entstehung alle vermeintlich naturgegebenen Kategorien, auch Geschlechterkategorien, sprengt. Gerade *in* seiner Materialität ist dieser Leib zutiefst »unbeständig«.

Diese eschatische Unbeständigkeit drückt sich auch in Jesu Wirken aus, das bestehende Grenzen gleichfalls überschreitet, namentlich die üblichen Grenzen der Kommunikation und des menschlichen Tuns: Jesu Rede trifft ins Herz, und sein Handeln überwindet die Geister, die Elemente, sogar den Tod (Joh 11,1–45). In der Verklärungsszene (Mk 9,2–9 parr.) wird Jesus als Wiederherstellung und Vollendung des Menschen sichtbar, als Erfüllung der göttlichen Weisung und der Prophetie. Sein physischer Leib, in seiner überwirklichen, glänzenden Schönheit, ist dabei »verschoben [displaced] – denn nicht der physische Leib *als solcher* ist die Quelle der von ihm ausgehenden Anziehung, sondern die *Verherrlichung* des physischen Leibes, die dadurch möglich wird, dass man

5 Rosemary Radford Ruether: Can Christology Be Liberated From Patriarchy?, in: Maryanne Stevens (Hg.), Reconstructing the Christ Symbol. Essays in Feminist Christology, New York 1993, 7–29.

ihn durch Gott als Gott betrachtet«[6]. »Displaced« – verschoben, deplatziert, ver-rückt – wird der Leib Jesu auch, wenn dieser beim Mahl vom Brot sagt: »Dies ist mein Leib.« Wiederum wörtlich verstanden, bedeutet dies, dass die üblichen Grenzen des Raumes für Jesu Leib nicht gelten – der *hier* sein kann, wo Jesus ist, und auch *dort*, im Brot. Jesu Leib ist »transpositional«.[7]

Erst recht gilt dies alles seit der Auferweckung. Als der auferstandene Jesus in Emmaus das Brot bricht, überwindet seine Gegenwart sogar die Zeit. Deshalb kann Jesu Leib auch heute bei der Feier des Mahles gegenwärtig sein. Die »Erscheinen/Entschwinden-Struktur des auferstandenen Leibes Christi«, welche die Emmaus-Erzählung und andere Osterberichte durchzieht, betont dabei »die Vermitteltheit dieses Leibes [...] – seine Unfähigkeit, vollständig präsent, ein Objekt zu sein, das erfasst, katalogisiert, atomisiert, verstanden werden kann. Das Erscheinen/Entschwinden dient als Fokus für das, was die ganze Zeit hindurch offensichtlich war – der Leib als ein Mysterium, als eine Materialität, die etwas von der Tiefe ihrer Existenz niemals vollständig enthül-

6 Ward, The displaced body, 101f. Meine Hervorhebungen, A.K.

7 A.a.O., 103.

len, sondern nur verhüllen kann.«[8] Die Dialektik von Erscheinen und Entschwinden prägt auch Wards Verständnis der Himmelfahrt (Lk 24,50–51, Apg 1,9–10); der *Verlust* dessen, wie Jesus bislang gegenwärtig war, eröffnet zugleich eine *neue*, überraschende Form der Präsenz: »Die Logik des Aufstiegs ist die Logik des Gebärens, nicht des Sterbens, oder eine Fortsetzung der Logik des Öffnens. Das Zurückziehen des Leibes Jesu muss so verstanden werden, dass der Logos in sich selbst einen Raum schafft, einen Mutterschoß, in dem sich die Kirche ausbreitet und die Schöpfung neu erschaffen wird.«[9]

Jesu Transkorporealität umfasst also letztlich den gesamten Kosmos und damit auch unser aller Korporealität – auch unsere je eigene Körper-Wirklichkeit. Denn Christi Leib ist paradigmatisch für unsere Leiblichkeit, nicht umgekehrt. »Der Leib Jesu Christi, der Leib Gottes, ist durchlässig, transkorporeal, transpositional. In ihm erhalten alle anderen Leiber ihren Ort und ihre Bedeutung. Wir sind alle durchlässig, transkorporeal und transpositional. ›Da ist weder Jude noch Grieche, da ist weder Sklave noch Freier, da ist weder männlich noch weiblich, denn ihr seid alle ei-

8 A. a. O., 111.

9 A. a. O., 113.

ner in Christus Jesus«« (Gal 3,28).[10] Und wie Jesu Christi Leib unsere Leiber durchdringt, so durchdringen diese sich auch gegenseitig. Darum hat Leiblichkeit eine zutiefst erotische Dimension: »Leiber sind [...] zerbrechlich, durchlässig, nicht autonom und selbstbestimmt, sondern teilen und werden geteilt. Kommunikation ist verkörpertes Geben, und was ich gebe, wird von anderen konsumiert [...]. Ich berühre ihre Leiber durch die Präsenz meines eigenen Leibes, den sie hören und sehen, riechen und manchmal schmecken. [...] ›Dies ist mein Leib. Nimm, iss. Dies ist mein Blut. Trink.‹ Der Leib ist immer im Übergang.«[11]

6.3 Trost und Untröstlichkeit

Graham Ward verknüpft seine Gedanken zur Transkorporealität mit dem eingangs wiedergegebenen Bericht von David und Jon. Damit möchte er zeigen, dass ein genuin christliches Leib-Verständnis – das die machtvollen Beschränkungen dieser Welt relativiert, sogar die Macht des Todes – queeren Erfahrungen zutiefst entsprechen kann. Allerdings entnimmt er die *Prämissen* seiner Theologie solchen Erfahrungen gerade nicht.

---

10 Ebd.

11 Ward, Transcorporeality, 91.

Bei Robert Goss und Marcella Althaus-Reid (Kapitel 4 und 5) ist das anders: Die Grundlagen ihrer Reflexionen gewinnen sie aus den lebensweltlichen *Kontexten* queerer und marginalisierter Menschen, und von ihnen her stellen sie überkommene christliche Begriffe und Erzählungen radikal in Frage. Ward dagegen will christliche Begriffe und Erzählungen nicht befragen, sondern sie als *Offenbarung* – man könnte auch sagen: als »Augenöffner« – konsequent beim Wort nehmen. Insofern wählt er einen ausdrücklich »konservativen« theologischen Ausgangspunkt.[12] Von dort stößt er aber ebenfalls zu Perspektiven vor, die gewohnte Denkmuster der Theologie durchbrechen – und zwar nicht bloß auf Nebenschauplätzen, sondern in christologischen Kernbereichen. Doch der jeweilige Weg dorthin – offenbarungstheologisch hier, kontextuell dort – könnte verschiedener kaum sein. Insofern stehen Ward auf der einen, Goss und Althaus-Reid auf der anderen Seite für entgegengesetzte Pole queerer Theo-

12 Zu Wards postmodernem theologischen Konservatismus siehe sein auch auf Deutsch erschienenes Buch Graham Ward: Auf der Suche nach der wahren Religion [True Religion, 2003], Stuttgart 2009. Ward gehört zu den Begründer*innen der anglo-katholisch geprägten Bewegung »Radical Orthodoxy«; siehe dazu Abschnitt 8.2.

logie – und für sehr unterschiedliche Möglichkeiten, wie man deren Potenzial entfalten kann.

Der angesprochene Unterschied der theologischen Methode[13] spiegelt auch die Spannung zwischen einem affirmativen und einem kritischen Umgang mit christlichen Traditionsbeständen wider. In queeren Zusammenhängen gibt es beide Formen der Auseinandersetzung (siehe Abschnitt 4.1), und beide sind theologisch gefragt und gefordert. Die Entwürfe von Ross und Althaus-Reid sind aktivistisch, prangern Gewalt und Unrecht gerade im Christentum selbst an und verweisen – im Glauben an Aufstand und Auferwecktheit – karfreitäglich auf das, was an Unerfülltem *noch aussteht*. Wards Denken ist kontemplativ, sieht im Christentum die Antwort auf den »Nihilismus« dieser Zeit[14] und spricht bei aller Dunkelheit von

---

13 Vgl. dazu auch mit Blick auf feministische Theologien Aurica Jax: »Wahrheit ist ein Geschenk der Gegenwart«. Feministische Theologien im Spannungsfeld von Subjektivierungstheorie und Offenbarungsbezug, in: Benjamin Dahlke, Bernd Irlenborn (Hg.), Zwischen Subjektivität und Offenbarung. Gegenwärtige Ansätze systematischer Theologie, Freiburg i. Br. 2021, 95–111.

14 Graham Ward: Cities of Endless Desire, in: ders., Cities of God, 52–77: 70.

dem, was *schon da* ist, im Licht österlicher Fülle. Hier Vergewisserung und Trost – dort Zweifel und engagierte Untröstlichkeit.

Zum Weiterlesen: Queere Theologien des Leibes

Ola Sigurdsen: Heavenly Bodies. Incarnation, the Gaze, and Embodyment in Christian Theology, Grand Rapids 2016.

Mariam Leidinger: Eine Auseinandersetzung mit »Verletzbarkeit« anhand der Christologien von Jürgen Moltmann, Jon Sobrino und Graham Ward, Regensburg 2018, 165–242.

Saskia Wendel: Die »Leib Christi«-Metapher. Kritik und Rekonstruktion aus gendertheoretischer Perspektive, Bielefeld 2023.

7 Geist des Regenbogens

7.1 »Somewhere over the rainbow«?

»Als ich während der 1970er und 1980er Jahre in der Bay Area von San Francisco aufwuchs, freute ich mich jedes Jahr auf die Fernsehübertragung des ›Zauberers von Oz‹«, so Patrick Cheng, Theologe der anglikanischen Episkopalkirche in den Vereinigten Staaten. Der »Zauberer von Oz« ist ein Kinderfilm-Klassiker aus dem Jahr 1939. Das Mädchen Dorothy und ihr Hund Toto leben einen grauen Alltag, der in Schwarz-Weiß-Bildern dargestellt wird. Doch dann werden die beiden der gewöhnlichen Welt entrissen, reisen über den Regenbogen – und als sie die Phantasiewelt »Munchkinland« betreten, wechselt der Film plötzlich in leuchtende Farben. Dieser Moment, so Patrick Cheng, sei immer seine Lieblingsstelle gewesen. Und genau so habe er sich auch sein Coming-out als schwuler Mann vorgestellt. Doch das sei in Wirklichkeit weit weniger farbenfroh verlaufen. »Das lag zum großen Teil an der Tatsache, dass ich auch ein Asian American bin. Ich fand schnell heraus: Eine Person of Color in der LGBTIQ-Community zu sein, brachte seine eigenen Herausforderungen mit sich. Als ich mich Mitte der 1980er Jahre auf dem College outete, dachte ich, ich sei ein Einhorn. [...] Alle, die ich in der schwul-lesbischen Community kannte, waren weiß, und alle, die ich in der asiatisch-amerikanischen Community kannte, waren hetero.«[1]

Von Intersektionalität wurde hier bereits gesprochen – und von Perspektiven, in denen Kämpfe gegen verschiedene Diskriminierungsformen zusammenkommen (Abschnitt 4.2). Die Wirklichkeit ist freilich oftmals eine andere. Patrick Cheng war in queeren Communities mit Rassismus konfrontiert. Wollte er eine Bar besuchen, musste er sich – anders als weiße Personen – ausweisen; und war er einmal eingelassen worden, schien er unsichtbar zu sein: Niemand wollte mit ihm sprechen. »So viel dazu, ›somewhere over the rainbow‹ zu sein. Ich saß fest in einer monochromen Welt.«[2]

Zum Rassismus in queeren Communities tritt die Queer-Phobie vieler Communities of Color. »Etliche von uns werden von ihren biologischen Familien wegen ihrer Sexualität und/oder geschlechtlichen Identität abgelehnt. Im Gegensatz zu unseren heterosexuellen und cis-geschlechtli-

---

1 Patrick S. Cheng: Rainbow Theology. Bridging Race, Sexuality, and Spirit, New York 2013, XI–XII.

2 Ebd.

chen Geschwistern können sich LGBTIQ People of Color oft nicht an ihre Herkunftsfamilien wenden, wenn sie innerhalb oder außerhalb der LGBTIQ-Community Rassismus ausgesetzt sind.« In zahlreichen christlichen Kirchen kommen zudem Rassismus und Queer-Phobie zusammen. »Das heißt, viele konservative christliche Gemeinschaften sind für LGBTIQ-People of Color toxische Orte.«[3]

7.2 G*ttes Geistes-Gegenwart

Was bedeutet es in dieser Lage, queer, Person of Color und Christ*in zu sein? Patrick Cheng beschreibt eine prekäre Situation, in der jemand auf verschiedene Gruppen angewiesen und zugleich in keiner völlig sicher, auf der Suche nach Beheimatung und doch nirgendwo zu Hause ist. Bestätigung und Anschluss wird jeweils nur mit *einer* Facette der eigenen Identität gefunden – um den Preis, dass eine andere negiert wird. In jeder Community bleibt eine Einsamkeit zurück.

Diese Einsamkeitserfahrung kann an eine Geschichte denken lassen, die von dem Propheten Eliah erzählt wird. Er ist mit seinem gewaltsamen Eifer für G*tt zwischen alle Fronten geraten und muss in die Wüste fliehen. Dort zieht er sich

---

3 A. a. O., XIII.

nachts am Horeb in eine Höhle zurück. Da hört er die G*ttheit sagen: »›Geh hinaus und stell dich auf den Berg vor das Angesicht *der Ewigen*, denn *die Ewige* wird vorüberziehen!‹ Und es kam ein großer und starker Wind im Angesicht *der Ewigen* auf, der Berge abriss und Felsen zerschmetterte – doch im Wind war *die Ewige* nicht. Und dem Wind folgte ein Beben – doch im Beben war *die Ewige* nicht. Und dem Beben folgte Feuer – doch im Feuer war *die Ewige* nicht. Dem Feuer folgte das Geräusch eines leisen Wehens« (1 Kön 19,11–12 BigS). Da kommt es zu G*ttes Erscheinen.

Ganz klar ist nicht, was es mit dem »leisen Wehen« auf sich hat. Aber man kann annehmen, dass Eliah der *ruach* G*ttes begegnet. Das Wort wird oft mit »Geist« übertragen; weil *ruach* im Hebräischen überwiegend weiblich ist, übersetzen manche auch: »die Geistkraft«. *Ruach* steht zunächst für bewegte Luft, für Wind und für den Atem, der Mensch wie Tier beseelt. Im Beginn von Himmel und Erde weht G*ttes *ruach* aber auch schon über der Urflut (Gen 1,2). Sie kann Kräfte verleihen (Ri 14,6; Jes 11,2) und Tote zum Leben erwecken (Ez 37). Maria ist von G*ttes *ruach* schwanger (Lk 1,35, griechisch: *pneúma*), sie begleitet Jesus seit der Taufe (Mk 1,10), durch sie vertreibt Jesus die Dämonen (Mt 12,28). Sie bewirkt, dass Jünger*innen Jesu von aller Welt verstanden werden (das »Pfingstwunder« nach Apg 2,1–21; vgl. Joel 3).

Und sie tritt mit Seufzen ein, wenn Worte und Gebete in Hoffnungslosigkeit ersticken (Röm 8,26). Bezeichnend für die *ruach* ist mithin ihre Vielgestaltigkeit – und dass sie an Grenzen und in Übergängen wirkt: zwischen Chaos und Schöpfung, an der Scheide von Leben und Tod, bei prophetischer Berufung, auch in der Verzweiflung. Umbrüche, Ambivalenzen, scheinbare Ausweglosigkeiten – mit Hilfe der *ruach* geht daraus Neues hervor: Eine lebendige Erde entsteht, eine Jungfrau wird schwanger, ihr Sohn verändert die Welt, eine galiläisch-provinzielle Gruppe findet bei den Völkern Anklang. Allerdings ist das Wirken der *ruach* nicht immer spektakulär. Eliah erwartet G*tt im Sturm, im Beben, im Feuer; dann aber ist es ein »leises Wehen«, in dem schließlich G*tt begegnet. Im unscheinbarsten Augenblick tun sich Eliah ungeahnte Wege auf.

Patrick Cheng geht dem Wirken der *ruach*, der Geistkraft G*ttes, auch in Erfahrungen queerer People of Color nach. Sie bewegen sich inmitten inkongruenter Bezüge, erleben Isolation, geraten in die Wüste. Die Spannungen, in denen sie leben, können festgefügte Perspektiven aber auch durchbrechen. Dann öffnet sich Raum für Kreativität und Wandel. Queere People of Color haben es mit Vielfalt zu tun, mit Zwischen-Räumen und der Vermittlung von Gegensätzen – typischen Orten g*ttlicher Geistes-Gegenwart. Mit dieser verknüpft

Cheng auch das Bild des Regenbogens, nicht nur wegen der Erinnerung an den »Zauberer von Oz«. Der Regenbogen verbindet Gegensätzliches. Er ist Zeichen des Bundes zwischen G*tt und Schöpfung (Gen 9,13–16), aber auch ein Zeichen menschlicher Solidarität: In den USA wird der Regenbogen als antirassistisches Symbol verwendet, in dem die Farben für verschiedene Herkünfte stehen. Zugleich ist der Regenbogen weltweit als Symbol sexueller und geschlechtlicher Vielfalt bekannt. »Kurz gesagt: Der Regenbogen existiert – wie LGBTIQ People of Color – im Spannungsfeld zwischen Herkunft, Sexualität und Geist.«[4]

Eine Theologie, die sich von diesem Geist des Regenbogens inspirieren lässt, profiliert Cheng im Kontrast zu Theologien, die er als »monochrom« bezeichnet. Letztere zielen je nur auf *eine* Diskriminierungsform. Klassische Theologien der Befreiung etwa übernahmen oft die orthodox-marxistische These, im Kapitalismus lasse sich jede Art der Unterdrückung auf den »Hauptwiderspruch« zwischen Kapital und Arbeit reduzieren. Aber auch Schwarze, feministische und queere Theologien werden monochrom, wo sie ihrerseits wieder nur *einen* Konflikt sehen möchten und blind für das Zusammenspiel verschiedener Machtverhältnisse werden. Das Problem der

4 A. a. O., 89.

Intersektionalität lässt sich weder dadurch lösen, dass man jegliche Diskriminierung vermeintlich auf einen Nenner bringt – noch dadurch, dass man unterschiedliche Arten der Diskriminierung sauber voneinander trennt.

Eine Theologie des Regenbogens will deshalb zunächst die Widersprüche *wahrnehmen*, in die queere People of Color verwickelt sind, wo sich mehrfache Ausgrenzungen und Identitäten überkreuzen. Dabei geht es auch um das Zulassen einer Ratlosigkeit, die dann womöglich schöpferische Kraft freisetzt, um das Annehmen einer Fragmentierung, die ganz neuartige Verbindungen suchen lässt, und um eine improvisierende Praxis, die das Gelingen will, aber auch ein Scheitern akzeptieren kann. In diesem Zusammenhang greift Cheng auf den Begriff der »Heterotopie« zurück.[5] Er wurde erstmals vom französischen Philosophen Michel Foucault geprägt und dann in Intersektionalitäts-Theorien fortgeschrieben.[6] Während die »Utopie« einen idealen Raum erfindet, der alle Räume vergleichbar macht, verknüpft die »Heterotopie« diverse Räume, ohne einen ge-

---

5 A. a. O., 101.

6 Grace Kyungwon Hong, Roderick A. Ferguson: Introduction, in: dies. (Hg.), Strange Affinities. The Gender and Sexual Politics of Comparative Racialization, Durham 2011, 1–24.

meinsamen Bezugspunkt vorauszusetzen. Ethnien und Religionen etwa, aber auch Ideen wie »Nation« oder »Kommunismus« werden oft utopisch konstruiert: Man will einen idealen Raum aufspannen, in dem Menschen einer Herkunft, die Gläubigen, das Staatsvolk, die »fortschrittlichen Kräfte« ihren jeweils vorbestimmten Platz einnehmen. In Heterotopien aber gibt es keinen einheitlichen Raum und keine vorbestimmten Plätze: Sie bilden sich heraus, wo inkommensurable Räume aufeinandertreffen. Vielfalt geht hier nicht in Allgemeinheit auf – und kann gerade darum Überraschendes hervorbringen.

Was überraschend ist, kann sich Plänen und Programmen naturgemäß nicht unterordnen. Es ist, wo es sich einstellt, ein Ereignis. Dessen Unverfügbarkeit kann auch zum theologischen Entdeckungszusammenhang werden. »Denn wir haben hier keine bleibende Stadt, sondern die zukünftige suchen wir«, heißt es im Hebräerbrief (Hebr 13,14 LUT): In dieser Welt gibt es demnach keinen Ort, an den wir wirklich »gehören«. Wir können uns kein dauerhaftes Zuhause bauen. Cheng bezieht dies auf die heterotope Existenz queerer People of Color in Zwischen-Räumen: Sie »hilft uns zu erkennen, dass wir allein in Gott unsere wahre Heimat finden können. [...] Auch wenn wir meinen, in einer bestimmten Community oder bei bestimmten Menschen ›zu Hause‹ zu sein, so befinden wir uns doch – eschatologisch gesprochen – in einem Zwischenraum. Anders zu denken, [...] ist letztlich Götzendienst.«[7] Zudem greift Cheng auf christologische Figuren zurück: Wenn queere People of Color zu Mittler*innen zwischen divergenten Gruppen, Sprachen, Religionen oder Ausdrucksformen werden, müssen sie versuchen, Unvereinbares miteinander zu versöhnen – wie in Jesus Christus schon das Unvereinbarste überhaupt, der Gegensatz von G*tt und Kreatur, versöhnt ist. Herstellen und vorausberechnen lässt sich aber solch eine Versöhnung nicht – wo sie gelingt, ist sie G*ttes Gabe.[8] Das theologische Urbild von Gemeinschaft in heterotoper Vielfalt schließlich ist für Cheng die Trinität: »Meiner Ansicht nach ist die Erfahrung der Vielfältigkeit durch Queer of Color eine direkte Widerspiegelung eines Gottes, der die Vielfalt in seinem eigenen trinitarischen Selbst erlebt. Gott gibt sich nicht damit zufrieden, einfach nur eins zu sein, sondern ist vielmehr eins in drei. Gott erfährt die Vielheit im tiefsten Inneren seiner selbst. [...] LGBTIQ People of Color werden daran erinnert, dass sie in der Vielfalt ihrer herkunftsmäßigen, sexuellen und spirituellen Identitäten nach dem Bild und Gleichnis Gottes geschaffen sind. Und durch den Hei-

7 Cheng, Rainbow Theology, 128.

8 A. a. O., 141.

ligen Geist wird die gesamte Schöpfung ständig in die trinitarische Dynamik der Gottheit hineingezogen, die letztlich ein offenes – und nicht geschlossenes – System bleibt.«[9]

7.3 Die Geistkraft weht, wo sie will

Dieser geist-orientierte Zugang zu Christologie und Trinität trifft sich mit Ideen der anglikanischen Theologin Sarah Coakley, die klassische Motive der Dreieinigkeitslehre mit Geschlechtergerechtigkeit verbinden will. Sie plädiert dafür, beim Nachdenken über G*tt nicht mit der Person des Vaters zu beginnen – wie die östlich-orthodoxe Tradition – und auch nicht mit Vater *und* Sohn – wie die Theologie des Westens –, sondern mit dem Heiligen Geist. Denn dieser sei es, der G*tteserkenntnis überhaupt erst möglich mache. Zudem werde er kaum mit gegenderten Bildern und Metaphern verbunden. Sein Wesen sei Fließen und Verwandlung. Und schon in der G*ttheit durchbreche er alle Binaritäten. Die »irreduzible Dreiheit in Gott« wiederum könne »für die Frage der Zweigeschlechtlichkeit nicht unbedeutend sein, denn der Mensch ist ja gerade ›nach dem (trinitarischen) Bilde Gottes‹ geschaffen und dazu

9 A. a. O., 108.

bestimmt, in dieses Bild zurückgeführt zu werden. Es muss also so sein, dass man in dieser gefallenen Welt in gewisser Weise zwischen der Zweigeschlechtlichkeit und ihrer verwandelnden Unterbrechung lebt.«[10]

Sarah Coakley gehört in der queer-theologischen Debatte zur konservativ-offenbarungstheologischen Strömung (vgl. Abschnitte 4.1 und 6.3). Deutlichen Widerspruch hat sie von der protestantischen Theologin Linn Tonstad erfahren, die von einer kritisch-kontextuellen Position ausgeht. Sie wirft Coakley vor, dem Geschlechter-Dualismus sowie männlichen G*ttesbildern letztlich doch verhaftet zu bleiben. Tatsächlich beharrt Coakley auf Begriffen wie »Vater« und »Sohn«. Tonstadt schlägt stattdessen neue Ausdrucksweisen vor: »Der Geist ist die Kraft Gottes, der Sohn ist die Ehre Gottes, und der Vater ist der Name Gottes, der Liebe ist.«[11] Mit Patrick Cheng wiederum wäre dieses kritische Nachdenken einen Schritt weiter zu treiben: Die Trinität wird traditionell eben nicht bloß überwiegend männlich, sondern zudem weiß vorgestellt. So bezieht sich Sarah Coakley etwa

10 Sarah Coakley: God, Sexuality, and the Self, Cambridge 2013, 56.

11 Linn Marie Tonstad: God and Difference. The Trinity, Sexuality, and the Transformation of Finitude, New 2016, 231.

auf die berühmte russische Rublev-Ikone aus dem 15. Jahrhundert; sie stellt die Dreifaltigkeit als drei androgyne Engel dar.[12] Eine Geschlechter-Hierarchie gibt es hier nicht. Aber die Engel sind »selbstverständlich« weiß. Warum? Dass es Menschen verschiedener Hautfarbe gibt, wusste man bereits im mittelalterlichen Russland. Umso mehr sollte uns Heutigen auffallen, dass diese Darstellung People of Color als vollwürdige Ebenbilder G*ttes ausschließt.

Und noch einen Schritt weiter geht Patrick Cheng, indem er zuletzt auch Interkulturalität und Interreligiosität in das trinitarische Modell hineinnimmt. Ist geistgewirkte Teilhabe am dreieinigen Leben G*ttes nur für Menschen möglich, die zu einer homogenen christlichen Kultur gehören? Das zu bejahen, wäre ebenfalls ein Rückfall in Monochromie. Mit der feministischen Theologin Renée Hill hält Cheng dagegen fest, dass Theologie aus der Perspektive von People of Color immer schon mit vielfältigen religiösen und nichtreligiösen Traditionen im Gespräch ist – vom »Islam, aus Afrika stammenden traditionellen Religionen (einschließlich Santeria, Akan, Yoruba und Vodun)« bis zu »Buddhismus, Judentum und Humanismus«[13].

---

12 A.a.O., 255ff.

13 Renée Leslie Hill: Disrupted/Disruptive Movements. Black Theology and Black Power 1969/1999,

Cheng selbst berichtet davon, wie er spirituelle Praktiken aufnimmt, die ihn mit seinen asiatischen Wurzeln verbinden – in vollem Wissen darum, dass weder jene Traditionen umstandslos ins Christentum zu integrieren sind noch umgekehrt.[14]

Aber führt diese Offenheit dann nicht doch in ein theologisches Dilemma? Cheng denkt Pluralität mithilfe der christlich-theologischen Figur der Trinität. Nun scheint es zwei Optionen zu geben: Entweder dehnt man den trinitarischen G*ttesbegriff so weit aus, dass er sich »entchristlicht« und in Pluralität verflüchtigt – oder Pluralität wird am Ende doch ans Christliche gebunden und fürs Christentum vereinnahmt. Vielleicht aber gibt es auch eine dritte Option – nämlich die, beide Seiten des Dilemmas dialektisch zu bejahen. Ja, die Trinität ist ein spezifisch christliches Denkmodell – und ja, es hat zugleich das Potenzial, sich selbst über das Christliche hinaus zu überschreiten. Aus dieser Dialektik ergäbe sich eine »farbenfrohe« Theologie, die G*tt nicht statisch, sondern offen und beweglich denkt. Einen Ansatzpunkt dafür bietet der traditionelle Begriff der »Perichorese«.

---

in: Dwight N. Hopkins (Hg.), Black Faith and Public Talk. Critical Essays on James H. Cone's *Black Theology and Black Power*, New York 2007, 138–149: 147.

14 Cheng, Rainbow Theology, 137.

Das Wort bezeichnet ursprünglich einen Tanz und soll ausdrücken, wie sich die g*ttlichen Personen zur Gemeinschaft verbinden. Der Dichter, Komponist und Theologe Brian Wren spricht von einem »wunderschönen, ineinander verschlungenen, nicht endenden Tanz, dessen Bewegung hin und her zwischen den Tänzer*innen fließt«. Nach Wren besagt diese Metapher: G*tt ist kein »Wesen für sich in einsamer Herrlichkeit [...]. Im Gegenteil, Gott sehnt sich nach Gemeinschaft, Zusammenwirken, Teilhabe und dem Blühen freier Individuen in Beziehungen gegenseitiger Liebe, denn Beziehungen und Gemeinschaft wurzeln darin, wie Gott ist, tief in der Gottheit selbst.«[15]

Solch eine »tänzerische« Gemeinschaft in Verschiedenheit wäre keine Utopie – kein Raum, in dem alles seinen vorbestimmten Ort hat –, sondern eine Heterotopie, in der sich die Eine so beweglich mit dem Anderen verbände, dass beide jeweils *anders* bleiben könnten. Nicht Vereinnahmung also, sondern respektvolle, lebendige Beziehung – auch zu dem, was *nicht* auf Begriffe christlicher Theologie zu bringen ist! G*tt wäre dann mehr als Christentum. Vielleicht wäre G*tt beziehungsreich-lebendige Heterotopie schlecht-

15 Brian Wren: What Language Shall I Borrow? God-Talk in Worship: A Male Response to Feminist Theology, New York 1989, 202.

hin. Eine Grundformel dieser G*ttesvorstellung könnte lauten: »Gott ist anders als anders als anders«.[16] Und die Geistkraft einer G*ttheit, die *in sich* auf Andere und Anderes bezogen, die heterotop und dynamisch ist, wirkt naturgemäß ebenso *nach außen*: »Die Geistkraft weht, wo sie will, und du hörst ihre Stimme, aber du weißt nicht, woher sie kommt und wohin sie geht« (Joh 3,8 BigS).

Zum Weiterlesen: Theologie – queer und intersektional

Pamela R. Lightsey: Our Lives Matter: A Womanist Queer Theology, Eugene/Oregon 2015.

Renate Jost, Sarah Jäger (Hg.): Vielfalt und Differenz. Intersektionale Perspektiven auf Feminismus und Religion, Münster 2017.

Edward Donalson III: The #BlackLivesMatter Movement: Toward an Intersectional Theology, Eugene/Oregon 2021.

---

16 Magdalene L. Frettlöh: Gott nicht einfältig predigen. Das Bekenntnis zum dreieinen Gott als Schärfung der Israelverbindlichkeit christlicher Verkündigung, in: Göttinger Predigtmeditationen 69 (2015), 298–306: 304.

8 Queere Kirche

8.1 Kirche als *safe space?*

»Hallo, mein Name ist Ellen Radtke. Eigentlich bin ich eine ganz normale Dorfpastorin. Das heißt, ich bin gemeinsam mit meiner Ehefrau für ein kleines Dörfchen in Niedersachsen zuständig und betreue da die Leute, halte sonntags Gottesdienste, und unter der Woche beerdige ich ab und zu. Daneben aber bin ich seit Beginn des Jahres auch Pastorin auf Youtube. Das heißt, zusammen auch mit meiner Frau habe ich dort einen Kanal, der heißt ›Anders Amen‹, und dort erzähle ich aus meinem Leben, betreibe Aufklärungsarbeit, rede viel über queere Themen und beschäftige mich dort auch immer wieder [...] [mit dem] Frausein [...] – und habe darüber gemerkt, dass das, was ich in der Vergangenheit [...] darüber gelernt habe, was ›richtige Frauen‹ [...] sind, nicht so wirklich etwas mit meinem eigenen Leben zu tun hat. Und deswegen habe ich dann das Motto entwickelt: Sei einfach eine falsche Frau, dann ist es schon richtig!«[1]

---

1 https://www.youtube.com/watch?v=t_9oi6ObQRU&t=523s (31.12.2022).

Queere Menschen werden im Raum von Kirche und Gesellschaft zunehmend sichtbar – dafür steht auch der Youtube-Kanal des lesbischen Pastorinnen-Ehepaars Stefanie und Ellen Radtke. Die beiden sprechen über Glaubensthemen, ihren Alltag, aber auch über Fragen der Identität und Sexualität. Diskriminierungserfahrungen kommen ebenfalls zur Sprache. So musste Stefanie Radtke, nachdem ihre Frau ein Kind zur Welt gebracht hatte, die Stiefkindadoption durchlaufen, um auch ihrerseits als sorgeberechtigte Mutter anerkannt zu werden. Wie das Paar berichtet, war das Verfahren – das heterosexuellen Eheleuten, die eine künstliche Befruchtung vornehmen lassen, erspart bleibt – voll schmerzhafter Schikanen.[2] Auch in einer Gesellschaft, die sich einiges auf ihre Offenheit zugutehält, muss um volle Gleichberechtigung noch gerungen werden. Nicht ohne Ambivalenzen ist auch das kirchliche Umfeld: Zwar unterstützt die Evangelische Kirche in Deutschland das Youtube-Projekt technisch und finanziell; doch allein deshalb ist Kirche für queere Menschen noch lange kein *safe space*. »Immer und immer wieder«, so Ellen Radtke, »wird unser Kanal dafür benutzt, um sich hinzustellen und zu sagen, wie offen und progressiv die

2 https://www.youtube.com/watch?v=cl611HyFOIg (31.12.2022).

Evangelische Kirche doch ist. Das hat aber nur dann [...] so etwas wie einen wahren Kern, wenn man gleichzeitig sagt, dass es in unserer evangelischen Kirche eine ganz andere Gegenbewegung gibt. Und ich bin nicht bereit dafür, dass unser Kanal als Feigenblatt hergehalten wird, um dann eben die andere Seite genauso gelten zu lassen. [...] Homophobie [...] ist keine Meinung!«[3]

8.2 Kirche – Gemeinschaft unter dem Anspruch, queer zu sein

Wie ein kraftvoller Kontrast zu dieser zwiespältigen Wirklichkeit liest sich eine programmatische Aussage der anglikanischen[4] Queer-Theolo-

---

3 https://www.youtube.com/watch?v=mWgJlr24Mzg&t=112s (31.12.2022).

4 Elizabeth Stuart stammt aus der römisch-katholischen Kirche. 2003 wurde sie in der Open Episcopal Church zur Bischöfin ordiniert, 2006 wurde sie Erzbischöfin der Liberal Catholic Church International. Siehe dazu Alistair Bate (Hg.): A Strange Vocation. Independent Bishops Tell Their Stories, Berkeley 2009, 164–174. Inzwischen hat sich Elizabeth Stuart von katholisch-freikirchlichen Zusammenhängen wieder abgewandt. 2020 wurde sie zur Priesterin der anglikanischen Kir-

gin Elizabeth Stuart: »[D]ie Kirche ist die einzige Gemeinschaft, die unter einem Anspruch steht, queer zu sein.« – Die *einzige* Gemeinschaft? Und gerade die *Kirche*? Wie kommt Stuart zu dieser starken Behauptung, die der ambivalenten Realität von Kirche so offensichtlich widerspricht? Kirche, so Stuart weiter, stehe unter dem Anspruch, queer zu sein, »weil ihr eschatologischer Horizont sie lehrt, dass Geschlecht und sexuelle Orientierung nicht von endgültiger Bedeutung sind; genau das eröffnet die Möglichkeit der Liebe.«[5]

Elizabeth Stuart erläutert diese Vision in kritischem Dialog mit den Theorien Judith Butlers (siehe Abschnitt 3.2). Sie versprechen uns keine »ursprüngliche« Identität, die zugleich selbstbestimmt wäre – denn eben der *Ursprung* von Identität liegt in einem ersten Angesprochen-Werden, bei dem wir radikal *fremdbestimmt* sind. Insofern ist das Subjekt von Beginn an »unterworfen« und in seinen Möglichkeiten eingeschränkt.

---

che von England ordiniert. – Einen umfassenden queer-theologischen Entwurf hat Elizabeth Stuart vorgelegt mit Elizabeth Stuart: Gay and Lesbian Theologies. Repetitions with Critical Difference, Aldershot 2003.

5 Elizabeth Stuart: Sacramental Flesh, in: Gerard Loughlin (Hg.), Queer Theology. Rethinking the Western Body, Oxford 2007, 65–75.

Doch kann es im Lauf seiner Entwicklung lernen, in Distanz zu dem zu treten, was ihm vorgegeben wurde, und sich neue Ausdrucksformen, eine performative Praxis der Befreiung schaffen. Vollkommene Freiheit aber gibt es nach Butler nicht, denn wir bleiben Wesen, die auf Anerkennung angewiesen sind. *Jede* Identität ist insofern ein Kompromiss; *jede* Identität schließt unvermeidlich ein Begehren aus, das zu ihr nicht passt; und *jede* Identität muss sich wieder von diesem Begehren in Frage stellen lassen. Es ist ein »melancholischer« Grundton, den Elizabeth Stuart in solchen Gedanken hört; er begleite Butlers Theorien überall. Stets bleibe das Subjekt »umhüllt von einer uneingestandenen und unüberwindbaren Trauer um eine unmögliche Liebe«. Und Stuart fragt weiter: Kann Geschlecht nicht doch so performativ und schöpferisch gestaltet werden, dass man *vermeidet,* sich in immer neuen Grenzen zu verfangen? Gibt es aus der Melancholie wirklich kein Entrinnen? »Nur christliche Theolog*innen können diese beiden Fragen bejahen«, so Stuarts Antwort, und uns so »vor selbstzerstörerischer Verzweiflung bewahren«[6]. Denn der christliche Glaube weiß um eine Identität, die von den Aporien »weltlicher« Identität erlöst: jene Identität nämlich, die Christ*innen bei der Taufe

6 A. a. O., 65.

geschenkt wird. Durch sie ist bereits der immer eingeschränkte »alte« Mensch gestorben. Getaufte gehören schon zu einer Welt, in der alle Grenzen der Geschlechter überwunden (vgl. Gal 3,27f.) und alle Sehnsüchte in G*tt erfüllt sind. Christ*innen erfahren den Vorgeschmack einer Fülle, die keine Melancholie mehr kennt. Deshalb können sie in *wirklicher* Freiheit leben.

Ihre Tauf-Identität führt Christ*innen zugleich über sich selbst hinaus und macht sie zu Gliedern des Leibes Christi, der ein »eschatischer«, die Vollendung der Welt vorwegnehmender Leib ist. Er entzieht sich und ist nicht zu greifen – und wird doch gegenwärtig in Brot und Wein, umfasst und durchdringt die himmlische wie irdische Kirche, begegnet uns in Menschen aller Geschlechter. Graham Wards Leibtheologie weiterführend (siehe Kapitel 6), formuliert Stuart: »Der Leib Christi ist queer«. Christ*innen aller Identitäten und Orientierungen sind von ihm umfangen, durch ihn konstituiert und in ihn inkorporiert, haben Teil an seinem »sakramentalen Fleisch«.[7] Dadurch ist alles, was Christ*innen sonst noch definieren mag, von Grund auf relativiert: »Heterosexualität und Homosexualität und Männlichkeit und Weiblichkeit sind nicht von letzter Bedeutung, sie sind in Gottes Augen nicht entscheidend, und sofern jemand

7 A.a.O., 66.

von uns sich so verhalten hat, als ob sie es wären, haben wir uns der schweren Sünde des Götzendienstes schuldig gemacht, und wenn wir uns darüber hinaus so verhalten haben, als seien sie ein Grund, um Menschen von der herrlichen Freiheit der Kinder Gottes auszuschließen, machen wir uns der Gotteslästerung und einer grundlegenden Verleugnung unserer eigenen Tauf-Identität schuldig, die darin besteht, dass wir mit anderen verbunden sind, die wir nicht selbst gewählt haben – durch einen Akt reiner Gnade.«[8]

Diese radikale Inklusivität verbindet Elizabeth Stuart mit Positionen, die kirchenpolitisch nicht unbedingt progressiv klingen: Sie verteidigt die Ehelosigkeit von Geistlichen als Zeichen der Relativierung des Geschlechts. Die Ehe sei ihrerseits als Form der Askese zu betrachten und nicht als Heiligung natürlicher Sexualität. Zudem spricht sich Stuart für G*ttesdienstformen aus, bei denen die Person, die dem Gebet vorsteht, sich *vor* dem Altar befindet und sich diesem in derselben Blickrichtung wie die Gemeinde zuwendet, wie man es etwa aus der »lateinischen Messe«, dem Außerordentlichen Ritus der römisch-katholischen Kirche, kennt – denn das Geschlecht der Person trete dabei stärker in den Hintergrund, als wenn sie *hinter* dem Altar der Gemeinde gegenüberstehe. Ande-

8 A. a. O., 68.

rerseits will Stuart alle Paare unabhängig vom Geschlecht in die Ehe einbeziehen – gerade weil es in deren christlichem Verständnis primär nicht um Sexualität und Fortpflanzung gehe – und ebenso alle Geschlechter für das priesterliche Amt zulassen. Wer hier an patriarchaler Heteronormativität festhalte, leugne schlicht die eschatische Dimension des Sakraments. Denn in Christus sind »Männlich und weiblich, homo und hetero [...] Kategorien, die sich vor dem Thron der Gnade auflösen, wo nur das Gewand der Taufe bleibt.«[9]

Was Elizabeth Stuarts Theologie so schillernd macht, ist die Verbindung dieser eschatologischen Perspektive mit einer entschiedenen Moderne-Kritik. Dadurch hinterlassen Stuarts Texte bisweilen den Eindruck, als sei Heteronormativität ein Problem der Moderne – und als wimmle die christliche Vormoderne vor Gender-Vielfalt. Das Körnchen Wahrheit darin ist, dass auch die Vergangenheit in Geschlechterdingen facettenreicher war, als viele heute meinen.[10] So bezieht sich Stuart etwa auf Paulus, der männliche Täuflinge als »Bräute« ansprechen konnte, die er Christus zuführte (2 Kor 11,2), oder auf Gregor von Nyssa (um 335/340–nach 394), der im Porträt seiner Schwester Makrina deren »männliche« Eigen-

9 A. a. O., 75.

10 Siehe dazu auch Kapitel 1, Fußnote 13.

schaften preist.[11] Freilich setzt diese Gender-Fluidität einen patriarchalen Bezugsrahmen voraus, in dem das Männliche mit Stärke und Überlegenheit, das Weibliche mit Schwäche und Unterworfenheit verbunden ist: Vor dem überlegenen Christus sind auch Männer »weiblich«; umgekehrt wird Makrina, obwohl sie Frau ist, dank ihrer Heiligkeit und Selbstbeherrschung »männlich« (vgl. Abschnitt 4.2). Kurz gesagt: Die Vergangenheit hält durchaus Überraschendes bereit – doch idealisiert zu werden, verdient sie deshalb nicht. Umgekehrt wurden moderne Rechte für LGBTIQ*-Personen zweifellos auch *gegen* Vertreter*innen der christlichen Tradition errungen. Trotzdem konstruiert Stuart die christliche Liturgie und Überlieferung nicht nur als möglichen, sondern sogar als *einzigen* Raum, in dem queere Anliegen wirkliche Erfüllung finden könnten. Die säkulare Queer-Theorie dagegen führe in letzter Konsequenz ins Nichts. Unter Bezugnahme auf Joseph Ratzinger benennt Stuart die Feier der Eucharistie als Ort, »an dem die Queer-Theorie ihren eigenen Nihilismus überwindet, denn hier ist ihr Ziel und ihre Garantie, die Teilnahme am göttlichen Leben«; hier »lösen sich die Geschlechter auf, die Zeit geht

11 Stuart bezeichnet Gregor von Nyssa als »queeren Theologen, der Butler um hunderte von Jahren vorangegangen ist«: A. a. O., 70f.

in der Wirklichkeit auf, Wunder geschehen – Brot und Wein werden verwandelt, die Engel und die ganze himmlische Gesellschaft, einschließlich der Toten, wohnen den Lebenden bei.«[12]

Wieder werden hier, wie schon bei Graham Ward und Sarah Coakley, fortschrittliche und konservative Positionen auf eigentümliche Weise zusammengebracht. Für ein deutschsprachiges Publikum ist das recht ungewohnt. In Großbritannien jedoch gibt es – unter dem Label »Radical Orthodoxy« – eine ganze theologische Bewegung, die dafür bekannt ist.[13] Die damit verbundene Geisteshaltung erinnert an romantische Strömungen des 19. Jahrhunderts. Aus ihnen ging damals das »Oxford Movement« hervor, das für den Anglikanismus mittelalterliche Kunst und katholische

---

12 Elizabeth Stuart: Exploding Mystery. Feminist Theology and the Sacramental, in: Feminist Theology 12 (2004), 228–236: 235; zum Bezug auf Ratzinger a. a. O., 234. Analog wird argumentiert in Stuart, Sacramental Flesh, 67.

13 Eine sympathisierende, aber auch kritisch differenzierende Einführung findet man bei James K. A. Smith: Introducing Radical Orthodoxy. Mapping a Post-Secular Theology, Grand Rapids 2004. Die produktivste Zeit der »Radical Orthodoxy«-Bewegung waren die 2000er Jahre; möglicherweise hat sie ihren Zenit bereits überschritten.

Formen wiederentdeckte und gerade damit den Herausforderungen seiner Zeit begegnen wollte. Auch die neo-romantische »Radical Orthodoxy« ist überwiegend anglo-katholisch geprägt. Elizabeth Stuart steht dieser Bewegung nahe, Graham Ward rechnet sich ihr ausdrücklich zu. Der »affirmative« queer-theologische Zugang dieser Autor*innen ist ohne Zweifel legitim (siehe Abschnitte 4.1 und 6.3). Allerdings sollte man nicht verschweigen, dass die »Radical Orthodoxy« keineswegs durchgehend queer-solidarisch ist. Der anglikanische Theologe John Milbank etwa, der zu ihren Mitbegründer*innen zählt, lehnt homosexuelle Handlungen zwar nicht kategorisch ab; gleichwohl hat er sich wiederholt homophob geäußert und mit Personen vernetzt, die homophobe Aussagen vertreten.[14] So verwundert es nicht, dass die »Radical Orthodoxy« aus queerer Sicht auch Widerspruch erfährt. Eine scharfe Grundsatzkritik stammt von Marcella Althaus-Reid (siehe Kapitel 5). Ironisch konfrontiert sie Programm und Habitus dieser »ästhetischen Theologie« aus Großbritannien mit der Lebenswelt peruanischer Müll-

14 Andreas Krebs: Queere Theologien zwischen radikaler Orthodoxie und radikaler Kritik, in: Marianne Heimbach-Steins et al. (Hg.), Gender (Studies) in der Theologie – warum und wozu?, Münster 2021, 213–223: 219f.

sammler*innen. Der postmoderne Retro-Chic der »Radical Orthodoxy« erweist sich dabei als letztlich nicht besonders queer – und dafür umso mehr als weiß, bourgeois und kolonial.[15]

8.3 Wiederholung mit kritischer Differenz

Dennoch täte man Elizabeth Stuart Unrecht, wollte man ihren Entwurf auf westlich-europäische Nostalgie reduzieren. Stuarts Traditionsbegriff ist komplexer. Er kreist um das Konzept der »Parodie«, das die kanadische Literaturtheoretikerin Linda Hutcheon entwickelt hat. Dabei ist nicht zuerst an Übertreibung oder Spott zu denken. In der Musik bezeichnet »Parodie« den Wiedergebrauch eines Musikstücks in einem anderen Kontext – etwa wenn geistliche Lieder weltliche Melodien aufgreifen oder umgekehrt –, ohne dass eine abwertende Absicht dahinterstehen muss. Um dieses Phänomen der »Transkontextualisie-

15 Marcella Althaus-Reid: »A Saint and a Church for Twenty Dollars«. Sending Radical Orthodoxy to Ayacucho, in: Rosemary Radford Ruether/Marion Grau (Hg.), Interpreting the postmodern. Responses to »radical orthodoxy«, New York 2006, 107–118: 108.

rung« geht es auch bei Linda Hutcheon: Als Parodie beschreibt sie das Verfahren, einen »Hintergrundtext« in einen »Kontext« zu verschieben, der zunächst nicht zu ihm passt – mit dem Ziel, dass *beide* Texte nun einander so verfremden, dass daraus neue Bedeutungen entstehen. So wird die Parodie zu mehr als bloßer Wiederholung; sie wird vielmehr zur »Wiederholung mit kritischer Differenz«[16].

Durch diese Art von Parodie bildet sich nach Stuart auch der christliche Traditionszusammenhang. So sei die Eucharistie eine »Wiederholung« des letzten Mahles Jesu – wobei die »kritische Differenz« dadurch zustandekomme, dass nun »das Element des Mahls in eine neue Wirklichkeit der himmlischen Liturgie hineingenommen« sei. Demgegenüber strebe die Moderne nach *identischer* Wiederholung – »augenfällig in der Banalität der Massenprodukte oder im gefährlichen Bemühen des Fundamentalismus, den ›ursprünglichen‹ Text oder die ›ursprüngliche‹ Bedeutung zu jeder Zeit und in jedem Kontext endlos zu reproduzieren«. Identische Wiederholung dieser Art zeige einen Mangel an Glauben an den Heiligen Geist. »Parodie ist also die christliche Handlungs-

16 Linda Hutcheon: A Theory of Parody. The Teachings of Twentieth-Century Art Forms, Chicago 1985, 32.

weise, das zu nehmen, was uns gegeben ist, und es so umzusetzen, dass die andere Welt, die darin aufbricht, zum Vorschein kommt.«[17]

Dieser Parodie-Begriff birgt das Potenzial, mit Stuart über Stuart hinaus zu denken – und ihre Moderne-Kritik sowie den christlichen Überbietungsgestus hintanzustellen, mit ihrer eschatologischen Perspektive und der »kritischen Differenz« aber weiterzuarbeiten. Dann braucht man nämlich – anders als Stuart und weitere konservative Queer-Theolog*innen – nicht länger so zu tun, als sei die christliche Tradition bereits ein queeres Paradies. Das ist sie sicher nicht. Doch glücklicherweise zwingt uns nichts dazu, sie ohne kritische Differenz zu wiederholen. Es sind unter anderen queere und von intersektionaler Diskriminierung betroffene Personen, die solch eine kritische Differenz – oder besser: kritische Differenzen – in das Christentum hineintragen. Die US-amerikanische protestantische Theologin Sara Rosenau stellt fest: »Die performative Differenz queerer Christ*innen stört die vermeintliche Einheit am Abendmahlstisch. ›Schräge‹ queere Personen bringen den Tisch zum ›Schwanken‹. Queere Körper am Abendmahlstisch wirken schon dadurch desorientierend, dass sie in ihrer Differenz

17 Stuart, Sacramental Flesh, 69.

anwesend sind.«[18] Das Cover-Bild des vorliegenden Buches dürfte das treffend illustrieren.

Sara Rosenau bringt die produktive Verunsicherung ins Wort, mit der queere Personen ihre Kirchen durcheinanderwirbeln – und wird damit auch den Ambivalenzen gerecht, auf die Stefanie und Ellen Radtke verweisen. Als Konsequenz fordert Sara Rosenau einen Rückbau kirchlicher Einheits-Rhetorik und ein Mehr an Sensibilität für Unterschiede. Was aber, wenn die »Wiederholung« des Mahles nur mit *zahllosen* »kritischen Differenzen« möglich ist – wie kann es da noch zu Gemeinschaft kommen? Wer verbindet die Vielen zu einem Leib? Nach Rosenau mündet die Desorientierung, so G*tt will, in eine *Re-orientierung* an denen, die da in all ihrer Vielfalt zusammenkommen – eine Neuausrichtung, die zugleich eine »Re-orientierung auf Gott hin« ist.[19] Nicht eine Gemeinsamkeit, die man bereits mitbringt, sondern ein radikales Vertrauen auf G*tt stiftet dann Gemeinschaft. Dieser Gedanke setzt freilich voraus, dass G*tt nicht einfach schon da ist. Dann hätten

18 Sara Rosenau: Queer church. Failure and becoming in the body of Christ, in: Robert E. Shore-Goss/Joseph N. Goh (Hg.), Unlocking Orthodoxies for Inclusive Theologies, London 2021, 34–50: 42.

19 Ebd.

wir eine G*ttheit der identischen Wiederholung, und das Nicht-Identische hätte in Kirche keinen Platz. Was das Wiederholen mit »kritischen Differenzen« antreibt und mit Geist erfüllt, ist eine G*ttheit, die *im Kommen* ist.

Zum Weiterlesen: Queere Ekklesiologien

Sharon A. Bong: Ekklesiologie. Zum queeren, postkolonialen, (öko-)feministischen Leib Christi in Asien werden, in: Concilium 55 (2019), 547–556.

Gyrid Kristine Gunnes: An Ecclesiology of a Queer Kenosis? Risk and Ambivalence at Our Lady, Trondheim, in Light of the Queer Theology on Kenosis of Marcella Althaus-Reid, in: Feminist Theology 28 (2020), 216–230.

Jarel Robinson-Brown: Black, Gay, British, Christian, Queer. Church and the Famine of Grace, London 2021.

9 Was werden wir sein?

9.1 »Lektionen« für die Kirchen

Helen Belcher – Mitglied des britischen Trans*-Netzwerkes »Sibyls« – lebte in ihrer Jugend als »Junge«. Während »seiner« Pubertät entdeckte »er«, dass »er« weiblich war. Hieß das nicht automatisch, dass »er« schwul war? »Er« fühlte sich aber von Jungen gar nicht angezogen. Wie sollte »er« sich und »seine« sexuelle Identität verstehen? In der evangelikal-fundamentalistischen Kirche, der »er« angehörte, empfahl man »ihm« Gebet und ein heterosexuelles Eheleben. Also betete »er«, heiratete eine Frau und zeugte Kinder. Aber das Gefühl, in Wahrheit eine Frau zu sein, das blieb – und wurde immer stärker. Schließlich blieb nur der Gedanke an den Suizid – oder die Entscheidung, sich als die zu akzeptieren, die sie war. Zuerst offenbarte sie sich ihrer Ehefrau. Diese blieb bei ihr und stand zu ihr. Bewegend berichtet Helen Belcher davon, wie sie daraufhin begann, ihrem Geschlecht entsprechend aufzutreten: »Ich hatte nie geglaubt, dass ich auch nur im Entferntesten als Frau durchgehen könnte. Ich hatte mich geirrt. Der Besuch bei einer professionellen Visagistin zeigte mich plötzlich als mich – als weiblich.«[1]

In ihrer Kirche jedoch stieß Helen Belcher auf Ablehnung – und wieder und wieder, auch in anderen Kirchen und Gemeinden, musste sie diese Erfahrung machen. Schließlich akzeptierte sie, dass in der Kirche für sie kein Platz war. Helen Belcher war erleichtert – und das noch mehr, als sie zuletzt auch den Glauben hinter sich lassen konnte. Die Welt brach nicht zusammen; Helen Belchers moralische Werte änderten sich nicht. Aber ein langer innerer Kampf war nun vorüber. »Mir wurde jahrelang beigebracht, dass die wahre Freiheit in Christus liegt. Meine Erfahrung sagt mir, dass genau das Gegenteil der Fall ist. Als ich mich von Religion und Glaube abwandte und mich so akzeptierte, wie ich bin, mit all meinen Fehlern und Schwächen, fand ich mich von den Erwartungen der Gesellschaft befreit und befähigt, die Gesellschaft herauszufordern. Meine Frau, meine Kinder und meine Kolleg*innen haben mir zur Seite gestanden, und das Leben ist jetzt reich, bunt, aufregend und wertvoll. Ich bin ich. Die

---

1 Helen Belcher: Labels are Odd Things, in: Christian Beardsley/Michelle O'Brien (Hg.), This is my body. Hearing the theology of transgender Christians, London 2016, 143–148: 145.

Etiketten, die ihr mir anheftet, definieren mich nicht mehr.«[2]

In diesem Buch kamen bislang Stimmen zu Wort, die – zwischen Kritik und Affirmation – Befreiung *im* christlichen Glauben suchen. Doch Helen Belcher musste sich *vom* Christentum befreien, um Perspektiven für ihr Leben zu finden. Dass nur in Christus auch für queere Menschen »wahre« Freiheit sei, kann sie nicht mehr überzeugen. Angesichts solcher Geschichten sollten Theologie und Kirche, wenn sie heute mit queeren Menschen ihre Solidarität erklären wollen, den Mund vielleicht nicht zu voll nehmen. Den Kirchen sollte bewusst sein, dass sie eine Schuldgeschichte mit sich tragen. Sie sollten nicht davon ausgehen, dass gerade ihre Unterstützung von allen gewollt wird. Und sie sollten sich weniger fragen, was sie queeren Menschen zu »bieten« haben, und dafür umso mehr, was sie von diesen *lernen* können. Die US-amerikanische Literaturwissenschaftlerin und Trans*-Aktivistin Virginia Ramey Mollenkott (1932–2020) zählt aus ihrer Perspektive sieben »Lektionen« für die Kirchen auf: Erstens sind die vielschichtigen Texte der Bibel neu als queer- und trans*-bejahend zu entdecken. Zweitens können insbesondere trans* Personen dabei helfen, Geschlechter-Stereotype infrage zu

2 A. a. O., 147f.

stellen, die cis Männer und cis Frauen von ihren Körpern entfremden. Drittens erinnern trans* Personen unweigerlich an menschliche Diversität – und damit auch an die dringend benötigte Diversität der G*ttes-Rede, die das g*ttliche Geheimnis zum Ausdruck bringt. Viertens verweist Mollenkott darauf, dass trans* Personen in vielen indigenen Kulturen eine besondere Nähe zum Spirituellen unterstellt wird; auch im Christentum haben sich davon Spuren erhalten – etwa wenn der Dichter John Milton im 17. Jahrhundert über die Engel schreibt, sie könnten, wenn sie irgend wollten, »ein jegliches Geschlecht, ja beide führen«; so »zart und einfach« sei »ihr reiner Stoff«.[3] Fünftens sind trans* Personen durch ihr Leben zu Spezialist*innen für Geschlechtergerechtigkeit geworden, und viele Gemeinden bedürfen darüber dringend der Aufklärung. Sechstens können trans* Personen Identitäten produktiv verunsichern und so dazu beitragen, eine verbreitete »religiöse Gewissheits-Sucht« zu überwinden. »Und siebtens verkörpern trans* Personen die Idee, dass Menschen aller Herkünfte ›von einem Blut‹ sind und sich alle Geschlechter und Sexualitäten ›auf einem Kontinuum‹ befinden – und dass das eine

3 John Milton, Paradise Lost, I 423–425, Übers. A. Böttger.

Blut und das eine Kontinuum heilig sind, im heiligen, göttlichen Bild geschaffen.«[4]

9.2 Die Unvollkommenheit der Schöpfung

Einige Themen, die Virginia Mollenkott hier anspricht, begleiten uns in diesem Buch schon länger. Doch in manchen christlichen Zusammenhängen fühlt man sich durch trans* Personen noch einmal besonders herausgefordert. Etliche von ihnen unterziehen sich Hormonbehandlungen und chirurgischen Eingriffen – mit dem Ziel der »Transition«, der Angleichung des Körpers an ihr wirkliches Geschlecht. Aber hat G*tt unseren Körper nicht *für uns* erschaffen? Und hat G*tt von der Schöpfung nicht gesagt, dass sie »gut«, sogar »sehr gut« sei (Gen 1,31)? Sollten wir deshalb unsern Körper nicht dankbar als Geschenk entgegen-

---

4 Virginia Ramey Mollenkott: We Come Bearing Gifts: Seven Lessons Religious Congregations Can Learn from Transpeople, in: Lisa Isherwood/ Marcella Althaus-Reid (Hg.), Trans/formations, London 2009, 46–58: 47. Lesenswert von dieser Autorin auch: Virginia Ramey Mollenkott: Omnigender. A Trans-Religious Approach, Cleveland/ Ohio 2007.

nehmen – obwohl nicht alles an ihm gefällt? »Hat Gott etwa Fehler gemacht?«, wurde Helen Belcher oft gefragt.[5] Auch Christ*innen, die Offenheit für sexuelle Vielfalt und unterschiedliche Ausdrucksformen von Geschlecht bekunden, werfen bisweilen solche Fragen auf. Es sei in Ordnung, durch Namen, Pronomen, Kleidung oder Körpersprache eine Geschlechtsidentität auszudrücken, die mit dem »Geburtsgeschlecht« nicht übereinstimme. Hier sei noch begründbar, dass eine trans* Person mit ihrem Geschlechtserleben von G*tt nun einmal so erschaffen sei. Aber gravierende Eingriffe in den physisch gesunden Körper – das gehe zu weit. Hier beginne man, G*tt ins Handwerk zu pfuschen.

Dagegen ist auf einen breiten psychologisch-medizinischen Konsens zu verweisen: Oftmals

---

5 Belcher, Labels, 145. – Bemerkenswert ist, dass Personen, die bei trans* Menschen medizinische Geschlechtsangleichungen als Manipulationen des Körpers ablehnen, häufig *keine* Bedenken haben, wenn medizinische Eingriffe bei *intersexuellen* Menschen vorgenommen werden, um deren Geschlecht zu »vereindeutigen« – und das oft sehr früh, wenn die Betroffenen noch gar nicht zustimmungsfähig sind. Siehe zum Thema Stephanie Budwey: Religion and Intersex. Perspectives from Science, Law, Culture, and Theology, London 2023.

bedarf es geschlechtsangleichender Maßnahmen am Körper, um das Leiden von trans* Personen an diesem Körper zu lindern oder zu heilen. Ein genuin theologisches Argument ist das allerdings noch nicht. Ein solches ergibt sich, wenn man von jenem Begriff ausgeht, der gegen die Transition eingesetzt wird: dem Begriff der »Schöpfung«. Betrachten wir noch einmal die schon erwähnte Stelle aus dem Galaterbrief (Abschnitt 3.3): »Es gibt nicht mehr Juden und Griechen, nicht Sklaven und Freie, nicht männlich und weiblich; denn ihr alle seid einer in Christus Jesus« (Gal 3,28 EÜ). Der Vers ist ein Musterbeispiel dafür, wie wichtig es bei der Auslegung ist, auf Brüche zu achten. Nach »nicht Juden und Griechen« und »nicht Sklaven und Freie« möchte man fortsetzen: »nicht Männer und Frauen«. Dann wäre die rhetorische Figur des Parallelismus durchgehalten. Ungefähr so, stilistisch »schöner«, verdeutscht die Luther-Übersetzung: »Hier ist nicht Jude noch Grieche, hier ist nicht Sklave noch Freier, hier ist nicht Mann noch Frau; denn ihr seid allesamt einer in Christus Jesus« (Gal 3,28 LUT). Doch im griechischen Text stehen nicht die Nomina »Mann« und »Frau«, sondern die Adjektive »männlich« und »weiblich«. Warum? Mangelte es Paulus an Sprachempfinden? Eine wahrscheinlichere Erklärung ist: Paulus nimmt den Bruch hin, weil »männlich und weiblich« ein Zitat ist – und zwar aus Genesis 1,27, wo die Erschaffung der Menschen als »männlich und weiblich« berichtet wird.[6] Dass diese Dualität keinen Dualismus nach sich ziehen muss, wurde bereits zu Beginn dargelegt (Abschnitt 1.3). Galater 3,28 geht aber noch weiter: »Männlich und weiblich« gilt jetzt nicht mehr. Ein Strukturmoment der Schöpfung ist *negiert*. Sie wird »in Christus« überboten.

Damit scheint eine Denkmöglichkeit auf, die in christlichen Standard-Dogmatiken nicht vorgesehen ist.[7] Diese gehen davon aus, dass die Welt von G*tt perfekt geschaffen sei; die Menschen jedoch hätten diese Perfektion durch den »Sündenfall« zerstört; seitdem gehe es darum, den »Urstand« wiederherzustellen. Was aber, wenn die Schöpfung, einschließlich der Dualität von »männlich und weiblich«, *von Anfang an* Erlösung brauchte?

---

6 Paulus' griechische Formulierung »*ársen kaì thêly*« stimmt wörtlich mit der Wiedergabe des hebräischen »*sachar u-nekevah*« in der damals gebräuchlichen griechischen Übersetzung (Septuaginta) überein.

7 Vgl. zum Folgenden Ruth Heß: »... darin ist nicht *männlich und weiblich*«. Eine heilsökonomische Reise mit dem Geschlechtskörper, in: Jürgen Ebach et al. (Hg.), »Dies ist mein Leib«. Leibliches, Leibeigenes und Leibhaftiges bei Gott und den Menschen, Gütersloh 2006, 144–185: 166–171.

Auch wenn man »männlich und weiblich« so versteht, dass es alle Geschlechter einschließt – ein perfekter Zustand ist damit womöglich doch noch nicht gemeint, weil es zum Beispiel Menschen gibt, die mit einem Körper geschaffen wurden, der zu ihrer Identität nicht passt. Deshalb muss die Art und Weise, wie die Vielfalt zwischen »männlich und weiblich« *bislang* verwirklicht ist, in einer *erlösten* Welt noch einmal übertroffen werden.

Als Indiz dafür, dass die Schöpfung auch an anderen Stellen noch nicht ganz so ist, wie sie eigentlich sein sollte, kann die »Finsternis« gelten, die es nach der Erschaffung des Lichts am ersten Tag immer noch gibt – und die *nicht* von G*tt als »gut« bezeichnet wird (Gen 1,4). Laut der Offenbarung des Johannes wird die *künftige* Welt keine Nacht und Finsternis mehr kennen (Apk 21,25). Nimmt man diesen Hinweis ernst, hat es einen idealen Anfangszustand nie gegeben. Vielmehr legt sich der Gedanke nahe, dass die Schöpfung ein *Prozess* ist, in dem wir uns immer noch befinden: G*tt erschafft Himmel und Erde und lässt diese Pflanzen hervorbringen; dann ruft G*tt die Himmelskörper und Tiere ins Dasein. Alles Bisherige befindet G*tt für »gut« – aber perfekt ist es noch nicht. Am sechsten Tag erschafft G*tt die Menschen, und erst am Ende dieses Tages heißt es, dass nun alles perfekt und »sehr gut« sei (Gen 1,31); es folgt der siebte Tag, an dem G*tt ruht. Dann geht der kanonische Bibeltext[8] wieder *zurück* zur Erschaffung der Menschen (Gen 2,5–7) und erzählt, was in der *Zwischenzeit*, vor dem Ende des sechsten Tages, geschehen ist. Und alles, was folgt – die Vertreibung aus dem Paradies, der Brudermord, dann die Geschichte von der Arche und dem Turmbau, die Erzelterngeschichten, die Geschichte Israels –, alles das lässt sich immer noch als Geschehen jenes sechsten Tages auffassen,[9] der sich wiederum über die biblische Geschichte hinaus bis in unsere Gegenwart erstreckt … Die gesamte bisherige Ge-

---

8 Kanonische – das hießt: am vorliegenden Endtext orientierte – Deutungen der Bibel ignorieren nicht, dass in dieser unterschiedliche Textschichten miteinander verbunden sind (das Nebeneinander von erstem und zweitem Schöpfungsbericht ist dafür ein bekanntes Beispiel). Allerdings gehen kanonische Deutungen davon aus, dass die Komposition der Texte wiederum nicht willkürlich ist; auch in ihr können theologische Aussagen aufgefunden werden.

9 Auch der Neuansatz der »Geschichte der Menschenkinder« in Gen 5,1 beginnt nicht etwa *nach* dem siebten Tag, sondern bei der Erschaffung der Menschen – also am sechsten Tag! Der siebte Tag ist in der »Geschichte der Menschenkinder« bereits antizipiert, steht aber noch aus. Vgl. Martin Kessler, Karel Deurloo: A Commentary on Genesis.

schichte der Menschheit ereignet sich demnach *am sechsten Tag* – in einer »guten« Welt, die aber keineswegs schon fertig ist! Wir sind noch gar nicht am Ende dieses Tages angelangt; dann erst wird alles »sehr gut« geworden sein (Gen 1,31). Nach dieser Deutung spricht die erste Schöpfungserzählung vom Abschluss des Siebentagewerks aus der Sicht einer – geglaubten, erhofften – künftigen Vergangenheit: vom großen Schabbat her, mit dem G*tt einst die Welt vollendet haben wird (Gen 2,2–3).

Ein solches Verständnis des biblischen Narrativs macht theologisch aussagbar, dass die Schöpfung, die wir kennen, keinen perfekten Anfang hatte, sondern seit jeher begrenzt, vorläufig und ambivalent ist. Eine vollkommene Schöpfung ist uns bislang nur *verheißen*. Für die christliche Theologie ergeben sich daraus weitreichende Folgen. Nicht zuletzt resultiert eine andere Sicht auf trans* Personen, die eine Transition anstreben. Sie sind nicht in der Lage, den Körper, mit dem sie erschaffen sind, als »gut« zu empfinden, schon gar nicht als »sehr gut«. Die Unvollkommenheit der Schöpfung – der Schöpfung *vor* dem Ende des sechsten Tages – wird an diesem Punkt zum

---

The Book of Beginnings, New York 2004, 40f.; 71f. Ich danke Dirk Jan Schoon für seine anregenden Hinweise.

drängenden Problem. Für trans* Personen kann es richtig sein, durch hormonelle und chirurgische Eingriffe eine Realität »gut« machen zu lassen, die sonst schweres seelisches Leid für sie bedeutet.

9.3 Von letzten Dingen

»Sehr gut« aber wäre erst eine Welt, in der »männlich und weiblich« *überhaupt nicht* mehr gilt. So ließe sich Galater 3,28 nun lesen. Elizabeth Stuart fasst den Satz, wie wir schon gesehen haben, in diesem Sinne auf: »Männlich und weiblich, homo und hetero sind Kategorien, die sich vor dem Thron der Gnade auflösen, wo nur das Gewand der Taufe bleibt.«[10] Stuart geht so weit, ausdrücklich von einer »Auslöschung« menschlicher Sexualität und Geschlechtlichkeit zu sprechen, die in der Eucharistie schon vorweggenommen und in der erlösten Welt vollendet werde. Jede körperliche und kulturelle Identität müsse einmal verschwinden, nur die Tauf-Identität könne zurückbleiben. Dies, so ist sich Stuart bewusst,

---

10 Elizabeth Stuart: Sacramental Flesh, in: Gerard Loughlin (Hg.), Queer Theology. Rethinking the Western Body, Oxford 2007, 65–75: 75. Siehe Abschnitt 8.2.

»verlangt der christlichen transsexuellen Person etwas ab. [...] Transsexuelle Menschen sind wie alle anderen Christ*innen verpflichtet, ihr Geschlecht so darzustellen, dass es seine eucharistische Auslöschung enthüllt, was beinhaltet, sich den Geschlechternormen zu widersetzen, die uns die Gesellschaft durch Performanz beibringt. Dies ist eine besonders schwierige Forderung für transsexuelle Menschen, die sich danach sehnen, sich von einem Geschlecht zu unterscheiden und in ein anderes einzufügen. Das erinnert uns an eine andere schwierige Wahrheit, die uns die Eucharistie lehrt, nämlich, dass die Liebe ein Opfer ist.«[11] – Doch warum sollten trans* Personen solch ein »Opfer« von sich »abverlangen« lassen? Spricht so eine *lernende* Theologie? Stuart lässt nicht zuletzt eine selbstkritische Reflexion darauf vermissen, dass etliche queere, auch trans* Personen mit Kirche traumatische Erfahrungen gemacht haben. Ihre Tauf-Identität hat sich für sie bislang nicht als wertvolles Geschenk erwiesen. Vor allem aber krankt Stuarts Eschatologie an *Uniformität*: Agender und asexuelle Menschen haben es wahrscheinlich vergleichsweise leicht, sich in ihr wiederzufinden. Doch dem Erleben

---

11 Elizabeth Stuart: The Priest at the Altar. The Eucharistic Erasure of Sex, in: Isherwood/Althaus-Reid (Hg.), Trans/formations, 137–138: 136f.

aller queerer und insbesondere vieler trans* Personen wird sie nicht gerecht.

Eine andere, genuin *pluralistische* Perspektive hat die deutsche evangelische Theologin Ruth Heß entwickelt. Dabei geht sie zunächst auf eine Stelle ein, an der Jesus scheinbar direkt von der Geschlechtlichkeit der Auferweckten spricht:[12] »Wenn nämlich die Menschen von den Toten auferstehen, heiraten sie nicht, noch lassen sie sich heiraten, sondern sind wie Engel im Himmel« (Mk 12,25 parr). Das sieht aus wie ein Punkt für Elizabeth Stuart – freilich nur auf den ersten Blick: In der Antike und darüber hinaus konnte man sich Engel durchaus als geschlechtliche und sexuelle Wesen vorstellen; mit dem Zitat von John Milton hatten wir dafür bereits ein Beispiel.[13] Zudem geht es im Kontext des wiedergegebenen Jesus-Wortes um die sogenannte »Leviratsehe«. Verstarb ein verheirateter Mann, ohne dass er männliche Nachkommen hatte, konnte ein Bruder die Witwe heiraten, um – in einem patriarchalen System – den Fortbestand der Familie

12 Heß, »... darin ist nicht *männlich und weiblich*«, 162.

13 In der Antike nahmen einige sogar an, dass Engel menschliche Frauen begehren und Geschlechtsverkehr mit ihnen haben können (vgl. Gen 6,4).

und die Versorgung der Witwe zu sichern. Wem wird dann aber die Frau nach der Auferweckung der Toten angehören – ihrem ersten Mann oder dessen Bruder? Wenn Jesus diese Frage mit den zitierten Worten als unsinnig zurückweist, verneint er nicht, dass die Auferstandenen ein Geschlecht haben werden. Stattdessen zielt er darauf ab, dass – wie bei den Engeln – die *sexuelle Reproduktion* und die vielen Probleme, die sie in patriarchalen Gesellschaften aufwirft, bedeutungslos werden.

Doch welche Geschlechter mögen uns verheißen sein, sollten wir tatsächlich einmal auferstehen? Hierzu befragt Ruth Heß das »verwirrend kunstvolle [...] Metapherngeflecht«,[14] das Paulus im 15. Kapitel des ersten Korintherbriefes webt (V. 35–49). Er möchte damit eine Ahnung vom Auferstehungsleib formulieren. Paulus geht von dem Grundgedanken aus: Wie ein Samenkorn stirbt und Weizen daraus hervorgeht, so stirbt unser irdischer Körper, und G*tt wird uns einen neuen, geisterfüllten Körper schenken (1 Kor 15,36–37.44). Wichtig ist für Paulus dabei, dass G*tt keineswegs allen denselben, sondern »jedem einzelnen Samenkorn einen besonderen Körper« geben wird. Dass G*tt eine G*ttheit ist,

14 Heß, »... darin ist nicht *männlich und weiblich*«, 164.

die Vielfalt schätzt, zeigt sich ja schon in der jetzigen Welt des »Fleisches« (griechisch: »*sárx*«): »Nicht jedes Lebewesen hat das gleiche Fleisch. Das Fleisch der Menschen unterscheidet sich von dem der Haustiere. Wieder anders ist das Fleisch der Vögel und anders das Fleisch der Fische.« Erst recht offenbart sich G*ttes Liebe zur Vielfalt an den Himmelskörpern (griechisch: »*sôma*«): »Der Glanz der Sonne unterscheidet sich vom Glanz des Mondes, und wieder anders leuchten die Sterne. Sogar ein Stern unterscheidet sich in seinem Licht von anderen.« Damit überbietet die Pluralität der himmlischen Welt sogar die der irdischen: Hier gibt es die Mannigfaltigkeit der Arten, dort ist jeder Körper eine Art für sich. »Genauso«, schließt Paulus dann, »ist es auch mit dem Aufstehen der Toten«: Es wird eine überbordende Fülle an Auferstehungs-Körpern geben, und *jeder* Körper wird von jeweils *eigener* Art sein (1 Kor 15,39–42, nach BigS). Ruth Heß zufolge ist anzunehmen, dass dies auch für die Geschlechter gilt: Wir dürfen eine »*eschatische Pluralität der Geschlechtsleiber*« erwarten, in der G*tt »die Auferweckten – entfesselt von den Grenzen einer (dualisierenden) Geschlechtermatrix – [...] in der ihnen je angemessenen Individualität in Erscheinung treten lässt«[15].

15 A. a. O., 165, Hervorhebung im Original.

Sollte es demnach eine leibliche Auferstehung geben, würde G*tt die Eigenheiten unserer Körper und Geschlechter eben *nicht* auslöschen – sondern sie, im Gegenteil, so *wahr und vollständig* zur Geltung bringen, wie das nur in einer vollendeten Welt geschehen kann. Trans* Personen können auf sehr bedrückende Weise die Erfahrung machen, das der Körper, mit dem sie geboren wurden, ihnen nicht entspricht. Doch das Problem betrifft, auf weniger bedrückende Weise, auch andere Personen. Bringt ihr Körper sie wirklich schon »in der ihnen je angemessenen Individualität in Erscheinung«? Das ist, solange Menschen »im Fleisch« leben, kaum möglich. G*tt aber wird es mit der Auferweckung möglich machen. Nach der Lesart, die Ruth Heß vorschlägt, ist Auferweckung auch eine Transition in den je besonderen, allein für die jeweilige Person bestimmten, ganz und gar eigen-artigen Körper. Noch ist nicht erschienen, was wir sein werden (1 Joh 3,2).

*Zum Weiterlesen: Theologie und Trans**

Justin Tanis: Trans-Gendered. Theology, Ministry, and Communities of Faith, 2. Aufl. Eugene/Oregon 2018 (1. Aufl. Cleveland/Ohio 2003).

Dirk Evers: Transsexualität. Menschliche Vielfalt und die Aufgabe theologischer Anthropologie, in: Laura-Kristin Krannich et al. (Hg.), Menschenbilder und Gottesbilder. Geschlecht in theologischer Reflexion, Leipzig 2019, 185–214.

Matthias Wirth: Die Multirealisierbarkeit des Geschlechtlichen. Zur Kritik verweigerter Entfaltung in theologischen Gender-Studies und ihre Bedeutung für Trans- und nichtbinäre Personen, in: Marianne Heimbach-Steins et al. (Hg.), Gender (Studies) in der Theologie. Begründungen und Perspektiven, Münster 2021, 143–154.

Bibliografische Information der Deutschen Nationalbibliothek

Die Deutsche Nationalbibliothek verzeichnet diese Publikation in der Deutschen Nationalbibliografie; detaillierte biblio-grafische Daten sind im Internet über ‹http://dnb.d-nb.de› abrufbar.

2. Auflage 2023

www.echter.de

Umschlagfoto: Elisabeth Ohlson
Umschlaggestaltung: Vogelsang Design, Jens Vogelsang, Aachen
Innengestaltung: Crossmediabureau
Druck und Bindung: Rudolph Druck GmbH & Co. KG, Schweinfurt

ISBN
978-3-429-05779-4
978-3-429-05224-9 (PDF)
978-3-429-06580-5 (ePub)